世界各国图书馆数字资源发展政策精要

朱硕峰　编

国家圖書館出版社

National Library of China Publishing House

图书在版编目(CIP)数据

世界各国图书馆数字资源发展政策精要/朱硕峰编. --北京:国家图书馆出版社,2016.5

ISBN 978 - 7 - 5013 - 5821 - 2

Ⅰ.①世… Ⅱ.①朱… Ⅲ.①数字图书馆—图书馆工作—方针政策—世界 Ⅳ.①G259.1

中国版本图书馆 CIP 数据核字(2016)第 089840 号

书 名	世界各国图书馆数字资源发展政策精要	
著 者	朱硕峰 编	
责任编辑	张 颀	
出 版	国家图书馆出版社(100034 北京市西城区文津街 7 号)	
	(原书目文献出版社 北京图书馆出版社)	
发 行	010 - 66114536 66126153 66151313 66175620	
	66121706(传真),66126156(门市部)	
E-mail	nlcpress@ nlc. cn(邮购)	
Website	www. nlcpress. com ──→投稿中心	
经 销	新华书店	
印 装	北京科信印刷有限公司	
版 次	2016 年 5 月第 1 版 2016 年 5 月第 1 次印刷	
开 本	880 毫米×1230 毫米 1/32	
印 张	7.75	
字 数	210 千字	
书 号	ISBN 978 - 7 - 5013 - 5821 - 2	
定 价	48.00 元	

主　编：朱硕峰

顾　问：顾　犇　张　玮

主要撰稿人(按姓氏拼音排序)：

陈　溦　段　俊　何　兴　李　晶
马　倩　平　安　尚小辉　唐玉屏
王　薇　杨　柳　朱硕峰

前　言

　　数字资源诞生几十年了,但最近几年以超乎我们想象的速度发展着,以致目前不少人认为数字革命已经从根本上改变了图书馆行业。那么图书馆界应该如何应对这场革命,是一大挑战。

　　馆藏发展是图书馆永恒的主题,数字资源成为馆藏也不是新鲜话题,但随着最近数字资源数量飞速增长,图书馆需要面对一系列挑战:海量的数字资源如何挑选,哪些数字资源能成为图书馆的馆藏,已经入藏的数字资源如何保持活力,如何应对技术过时导致的资源风险,数字资源建设如何才能可持续发展,如何永久保存数字资源等。

　　经过10多年的探索,国际图书馆界逐步对数字资源建设总结经验,形成了一些成文的理论和实践总结。在2010年出版《世界各国图书馆馆藏发展政策精要》一书时,不少图书馆已经形成一些有关数字资源建设的政策性文件,但与传统文献资源建设政策相比,无论数量、还是系统性还显不足。但仅仅过了几年时间,图书馆有关数字资源的战略、政策、实践等发生了巨大的变化。2010年以后,有关数字资源建设的各种文献不断涌现,这给我国数字资源建设实践提供了很好的借鉴。这也促使笔者萌生了再编译一本有关国外图书馆专门论述数字资源建设政策的书。这个想法得到国家图书馆外文采编部主任顾犇先生和副主任张玮女士的大力支持,并提出了不少建议。

　　当这项工作启动时,发现并没有想象的那么容易。就图书馆的选择来说,仍按照三大图书馆系统:国家图书馆、公共图书馆、高校研究型图书馆来挑选。国家图书馆相对容易,国际上有影响的几大图书馆这几年在数字资源建设方面都有新举措,资料也比较系统、丰富。但公共图书馆就比较困难。因为公共图书馆的情况复杂,既有研究型,也有服务型;有的兼有文献保存的职能,有的单纯有服务职能。有关数字资源的建设也特别复杂,差别很大。服务型的公共图书馆重实践,政策类的文件很少。最后在公共图书馆中选择了两个具有代表性的图书馆。高校图书馆以研究型大学为主,挑选了政策内容相对比较系统的三个图书馆。

在编译的过程中,发现每个人的理解不同,所选的资料差别太大。最后统一为几个重点:数字资源的发展战略、资源数字化政策、网络资源的采集政策、商业资源的采访政策、资源长期保存策略等。根据各图书馆的特点,突出特色、优势来选择材料。而且要求尽量选用最新的资料来编译,有时为了内容、结构的完整,又没有最新的资料,也选择了一些相对较早的文献。

最后统稿阶段,编者对一些文稿进行了大幅度的增、删、改,希望能更加系统、实用。数字资源涉及很多最新的专业术语,由于学科背景不同,译名也有较大差异。对英文资料,编者都核对了原文,纠正了一些错误的、不规范的译法,力求保证专有名词、术语的一致性。对于其他语种,也与撰稿者沟通,尽量统一名词。但有所遗漏也是难免的。

我们处于一个可以说日新月异的信息时代,在编译过程中,有的图书馆就出台了新的文件,如美国国会图书馆就发布了"2016—2020财政年度5年战略计划",但限于时间,没法增加其详细内容。还有一些统计数字,可以说随时都有变化。这种遗憾也是无法避免的。

参与本书的编译人员全部来自国家图书馆外文采编部,这也体现了外文采编部的外语实力。全书共10章,由朱硕峰负责拟定写作提纲,并负责最后的统稿。其他章的具体分工如下:第一章:李晶;第二章:何兴;第三章:王薇;第四章:唐玉屏;第五章:杨柳;第六章:朱硕峰;第七章:平安、段俊;第八章:陈溦;第九章:尚小辉;第十章:马倩;附录:平安。

编者虽然竭尽全力,但限于专业和水平,本书内容还难免有错误、不足之处,敬请行业专家与读者不吝赐教。他山之石,可以攻玉,希望本书对我国图书馆的数字资源建设有所裨益。如此也就达到了编写本书的目的。

朱硕峰

2016 年 3 月

于国家图书馆

目　录

国家图书馆篇

公共图书馆篇

大学图书馆篇

国家图书馆篇

第一章　英国国家图书馆

第一节　英国国家图书馆概况

一、使命与愿景

英国国家图书馆,亦称大英图书馆,是世界上最大的图书馆之一。总体来说,其影响范围、运行规模、服务方式、馆藏在国际上的重要性都是无可比拟的。总馆藏量约 1.5 亿册(件)①,而且在学科、地理范围、载体形式或语言上没有任何限制。在新的信息背景中,图书馆于 2010 年启动制定了 10 年规划:2020 年愿景②。其中提出了新的使命与愿景:

使命:推动全世界的知识。

愿景:到 2020 年,英国国家图书馆将成为全球信息网络的中心,通过自己的馆藏、专长及诸多合作关系,来推动知识的发展,并对经济、社会与文化生活的丰富有所助益。

二、电子资源概况③

数字革命正在根本性地改变着图书馆行业,造就了前所未有的更广泛的获取知识和信息的途径。数字资源已经成为英国国家图书馆

---

① Facts and figures[EB/OL].[2016 - 02 - 01]. http://www. bl. uk/aboutus/quickinfo/facts/.

② 2020 vision[EB/OL].[2016 - 02 - 01]. http://www. bl. uk/aboutus/strat-polprog/2020vision/2020A3. pdf.

③ Electronic resources [EB/OL].[2016 - 02 - 01]. http://www. bl. uk/reshelp/findhelprestype/eresblrr/eres. html.

的重要馆藏。图书馆收藏了多种类型的电子资源和其他非印刷品资源，并通过订阅等形式为大众提供这些内容的使用服务。这些类型的资源包括：电子期刊、电子图书、网页存档、CD-ROM等。

电子资源的类型主要包括：

（1）法定呈缴的非印刷物

法定呈缴（Legal deposit）涵盖的内容不仅是印刷出版物，还包括电子出版物和在线资源。这意味着"法定呈缴图书馆（Legal Deposit Library）"能够为英国提供一份非印刷品出版物的国家级档案，譬如网站资源、博客、电子期刊和CD-ROM等。

（2）电子期刊（Electronic journals）

图书馆订购了大约45 000份电子期刊和报纸，譬如《法学学报》（Acta Juridica）、《工业机器人》（Industrial Robot）、《法律与劳工》（Law and Labor）、《自然》（Nature）、《纽约时报》（The New York Times）等。

读者可以通过题名等关键词在"探索大英图书馆（Explore the British Library）"页面检索期刊和报纸。此外，很多电子资源的专题馆藏和数据库也支持对文章的交叉检索。

（3）数据库（Databases）

英国国家图书馆订购了大约800种数据库，包括索引类、提要类、书目类、传记类和全文收录类，譬如：19th Century Masterfile，Art Index，Business Insights，JSTOR，NITS，PolicyFile等。这些订购的绝大多数数据库都只能在馆内阅览室使用，但也有一些数据库和网站是可以远程免费使用的，譬如：AGRICOLA，Care and Health Law，Chronicling America：Historic American Newspapers，Fedstats。

图书馆的绝大多数电子资源还是只能供注册读者在馆内阅览室的电脑上使用；因为这类内容的主体要么是法定呈缴而来，要么是图书馆的订购资源，是有使用限制的；还有一小部分订阅资源电子资源，可使登记注册的读者证持有者远程使用。

第二节　图书馆的战略规划与"内容战略"

一、2011—2015 年战略规划

英国国家图书馆历来重视战略规划,已经制定了多个战略规划:2008—2011 年战略规划①,2011—2015 年战略规划②,以及 2020 年愿景。2020 远景规划是 2010 年 9 月启动制定的 10 年长期规划。2020 年远景规划提出 5 项基础框架:

1. 保证后人享有获取知识的途径。
2. 帮助所有想做研究的人能够获取知识。
3. 为了社会利益和经济利益,为关键领域的研究团体提供支持。
4. 丰富民族文化生活。
5. 引领世界知识基础的增长,并与其他机构合作。

在此 5 项框架基础上,图书馆制定了 2011—2015 年战略规划,相应地提出了 5 项战略重点。每一项战略重点都包括了目标、行动的具体内容。这里只简要介绍一下其战略目标。

战略重点 1. 保证后人享有获取知识的途径

目标:

● 对原生数字资源执行志愿的和法定呈缴的存储管理;

● 评估图书馆的内容战略,确保图书馆的内容能够满足研究者的需求;

● 打造并利用数字图书馆的基础建设来存储、保存数字资源;

---

① The British Library's Strategy 2008 – 2011〔EB/OL〕.〔2016 – 02 – 01〕. http://www. bl. uk/aboutus/stratpolprog/strategy1115/strategy2008-2011. pdf.

② Growing Knowledge:The British Library's Strategy2011 – 2015〔EB/OL〕.〔2016 – 02 – 01〕. http://www. bl. uk/aboutus/stratpolprog/strategy1115/strategy1115. pdf.

- 改造报纸馆藏的保存形式;
- 继续为图书馆丰富的印刷品馆藏提供资源的长期管理;
- 建立一种精挑细选的合作管理模式,来根据不断更新的馆藏战略来收集资源,并在馆藏资源内部建立关联。

战略重点 2. 帮助所有想做研究的人能够获取知识

目标:

- 改变读者阅读报纸的途径;
- 为本图书馆的读者提供多媒体内容;
- 鼓励其他机构将本馆资源融入他们的服务中去;
- 为本馆资源的数字化行动设计并实施一个适时更新的计划;
- 为用户提供更好的检索结果和更便利的资源获取途径;
- 为用户提供综合性视角,提供越来越多的机会而且鼓励注册使用;
- 支持那些已经开始通过移动设施来利用资源与服务的用户;
- 对特许数字资源提供更广泛的在线获取服务;
- 在跨学科的学术交流中宣传数据集的重要性。

战略重点 3. 为了社会利益和经济利益,为关键领域的研究团体提供支持

目标:

- 保证商业与知识产权中心(BIPC)的经济前景,确保小型企业能够持续得到支持;
- 赞同优先用户群体划分,并提供有附加值的建议来支持他们。

战略重点 4. 丰富民族文化生活

目标:

- 改善图书馆网站的用户体验,增加流量和影响力;
- 持续开发一种趣味盎然的、吸引人的公众项目,在阅览室和在线都可使用;
- 维持备受尊重的阅览室学习项目,同时进一步开发、增强在线资源,扩大影响,吸引更多受众;

● 通过引导并深入参与数字化合作倡议,加深用户的忠诚度,使馆藏资源更丰富。

战略重点 5. 引领世界知识基础的增长,并与其他机构合作

目标:

● 开发战略型合作关系和合作管理模式;

● 开发并嵌入创新型的公私合作的管理模式;

● 与多部门携手,通过服务项目共建来节约成本;

● 继续参与重要的国际文化外交事务;

● 在国内和国际图书馆界和信息网络行动中,继续发挥领导作用,并担当一个典范的角色;

● 在国际化的信息社区里引领讨论,提供指导与支持作用。

二、图书馆的"内容战略"

上述战略重点 1 中提到"评估图书馆的'内容战略',确保图书馆的内容能够满足研究者的需求"这个目标。这就涉及图书馆的另一个重要战略,即"内容战略"(Content Strategy)。为什么使用"内容"这个词,图书馆的解释是①:该战略使用"内容"强调了"收藏"这个图书馆的核心"事实",但这不是图书馆收藏的全部。在图书馆通过收藏英国或外国资源继续增加其馆藏的同时,也将进一步发展"链接"行为,链接到图书馆不打算在自己的存储设备上拥有馆藏的内容(典型的链接方式就是订购电子期刊的使用许可,图书馆不总是需要自己拥有电子期刊的)。链接的资源长期来说意味着更大的经济效益,而且提高了对用户的服务。

"内容战略"是图书馆入藏资源内容决策的指南:涉及法定呈缴、自愿呈缴、购买、捐赠和交换。明确告诉员工与用户,图书馆是如何开

---

① From Stored Knowledge to Smart Knowledge: The British Library's Content Strategy 2013 – 2015[EB/OL].[2016 – 02 – 01]. http://www.bl.uk/aboutus/stratpolprog/contstrat/british_library_content_strategy_2013.pdf.

展采访行为的。英国国家图书馆在 2006 年第一次制定了"内容战略",即"内容战略 2006"①,是按照学科和主题的内容发展政策,而且强调了数字内容与外部内容链接的作用。

随着资源建设环境的变化,图书馆又推出了新的内容战略,即"从存储的知识到智能知识:英国国家图书馆的内容战略 2013—2015"②(简称"内容战略 2013—2015")。

"英国内容战略 2013—2015"的最主要内容是 12 条主要原则,具体内容如下。

1. 图书馆将主要根据学科和主题来进行内容建设

图书馆将根据学科与主题来发展馆藏建设活动。图书馆认为这是与其所服务的研究群体互动的最佳方式。"艺术与人文""社会科学""科学、技术与医学"组成了三大类关键学科,并按此分类组织了馆藏内容的行为,而且根据各个主题提供了更为核心的服务(例如,在"艺术与人文"学科中,有"欧洲研究"和"英国语言和文学"等主题)。根据主题进行馆藏建设的相关优先领域将能够反映出:

- 英国出资者的优先研究领域;
- 使用者的需求、使用和要求;
- 国家规定的框架。

图书馆旨在促进各个学科之间的联结性,承认那种无所不包的模式既缺乏经济上的可持续性,也并不利于满足使用者的需求。

2. 将会为每一门学科设置小部分优先主题

每一门学科都将设置小部分的优先主题领域,以便图书馆为那些更为具体的研究团体提供更深入的资源和更广泛的服务。现有的例

---

① Content strategy 2006 [EB/OL]. [2016 – 02 – 01]. http://www. bl. uk/aboutus/stratpolprog/contstrat/cs2006. html.

② From Stored Knowledge to Smart Knowledge:The British Library's Content Strategy 2013 – 2015 [EB/OL]. [2016 – 02 – 01]. http://www. bl. uk/aboutus/stratpolprog/contstrat/british_library_content_strategy_2013. pdf.

子是社会科学领域的"管理与商务研究门户（Management and Business Studies Portal）"，该门户提供了无版权限制的全文检索报告、摘要、未完结的论文和一些独家文章，内容都来自一流的研究者和英国管理研究与社区实践的顾问。

选择哪些主题作为优先领域的标准如下：

- 图书馆能够为研究者提供格外丰富的馆藏资源与服务；
- 已有研究者强烈要求图书馆提供该主题的相关资源；
- 该主题属于研究资助者选定的优先领域；
- 研究者在其他资源提供者那里难以得到有效服务。

图书馆将于 2015 年评估主题优先领域，并根据不断变化的环境和此方法的成功程度做出相应的调整。

3. 图书馆会建设跨学科、跨载体的专业知识

尽管基于学科与主题的馆藏内容是首要的，但由于专业知识和运营管理，会继续考虑载体方面的筛选。图书馆将继续发展以下几类内容资源：网页存档、遗产存档和手稿、地图、知识产权文献、官方出版物、新闻媒体和音频、视频类资源等。图书馆将在学科负责人和载体专家之间——譬如，在政治学内容建设和网络存档两者之间搭建出一个更好的工作模式。

4. 通过法定呈缴得来的英国出版物将成为馆藏资源建设的主要支撑内容（如果规模能达标）

随着 2013 非印刷品法定呈缴条例的生效，图书馆正在转变其馆藏电子资源的建设方式。这将确保英国数量庞大的数字化出版物遗产得到长期保存，数字采集活动会迈出改变的一步。

图书馆已经在逐年采集英国领域内庞杂且可以自由获取的网络资源，并围绕攸关国家利益的几类题材进行了集中的资源采集。现已着手对馆内阅览室利用的电子期刊、电子书、数字报纸等资源进行甄选、存档和储备工作，并加快了英国国内印刷资源的数字化工作。将来如果能够采集到相似内容的数字资源，将停止收藏印刷资料。图书馆也在使用一些新方法来进行专业选择，以便能将当前的英国的法定

呈缴内容包括进来。

在向数字化过渡的阶段,图书馆的方法是,在尽可能的条件下,保持印刷品的安全。图书馆将管理这种转化,平衡当前需求与确保珍贵脆弱文献的长期保存之间的关系。图书馆正在与其他法定呈缴图书馆及出版界合作,通过特别设计的共同监管安排来实现这一目标。

尽管非印刷品法定呈缴条例的实施对于防止出现 21 世纪的数字化黑洞至关重要,但此类资源的使用仍然有个前提,那就是要严格限定在几家法定呈缴图书馆内,因此,这仅仅代表了图书馆行为的一个关键组成部分。

有些资源是法定呈缴条例不允许通过法定呈缴收集的,这种情况下就要继续通过志愿者组织来工作了,譬如在采集英国的音视频内容方面。

5. 图书馆将根据资源的学术价值来甄选收藏

尽管英国出版高质量的跨学科的研究成果,但在任何特定的主题上,仍将根据研究价值来选择一些资源内容来补充法定呈缴的资源(还包括志愿呈缴和捐赠资源,既包括英国国内的,也包括海外的)。这意味着图书馆将把重点更多地放在用户的研究重点和评估价值的整体方法上,例如排行、出版者声誉和用户反馈,而不是传统的选择方法,例如原始出版国、地理或语言。

6. 馆藏内容的关联将会愈加重要

除了英国的法定呈缴、志愿呈缴和捐赠之外,图书馆会优先考虑链接的内容,除了链接在技术上不可行的情况,或者图书馆希望能拥有并长期保存资源时。数字化环境使得资源之间的关联成为可能,图书馆要为读者提供某些内容,不一定非要自己拥有这些资源。对某些资源的关联并不是免费的,因为相当多的资源需要经过选择与管理才能得到。在这种背景下,将考虑要求长期保存权,并按照服务模式的要求,就资源的接入与再使用权作为许可/购买合同的一部分来谈判,(这可以作为一种固定条款,也可以是永久性的)。图书馆将为使用者全面揭示哪些类型的资源是该馆无意长期保存或提供的。

7. 本馆将支持交叉学科与多学科的研究需求

"交叉学科"和"多学科"是由研究者自身构成的,以满足其各自的特殊需求,每一样独立的馆藏资源都有为交叉学科和多学科使用的潜力。馆藏特有的一些资料尤其如此,但这也不限于本馆的特藏。譬如"品特档案(Pinter Archive)",可以为文学、语言学、政治、移民研究、人权等多学科使用。跨学科、跨主题资料的协同可用性支撑起了本馆的交叉学科和多学科的内容范围,并在研究者面前形成了独特的卖点。

由于任何一种分类组织行为都会制造出人为的障碍,因此,无论分类法多么有用,图书馆都将在跨学科或学科间管理馆藏内容,要格外关注各个研究委员会(Research Councils)及其他出资者强调的多学科研究。图书馆将确认交叉学科和跨学科的优先领域,首先满足这些方面的具体需求。还将通过一些具体的主题(譬如:运动与社团)来积极拓展跨越学科界限的馆藏。区域研究——譬如美国研究或欧洲研究——都是跨学科的:图书馆将为单个主题和区域研究之间制定并管理某种网络式的关系。

8. 本馆将继续加大遗产资源的投入

图书馆将继续通过购买和捐赠等方式,积极收藏具有特殊意义的英国乃至全球的遗产资源。近来的例子包括引人瞩目的 7 世纪《圣库斯伯特福音书》(St. Cuthbert Gospel),还有本雅明·布莱顿(Benjamin Britten)的深受喜爱的"交响乐的年轻人指南(The Young Person's Guide to the Orchestra)"手稿。这项行动涉及的对象既有实体内容,也有数字化版本。举例来说,近来采访到了诗人温迪·寇普(Wendy Cope)数字档案中的 4 万份电子邮件。为遗产资源筹资的活动会通过多种来源持续进行,也会为比较特别的高价遗产资源继续寻求外界的资金支持。在可行的情况下,也会筹资购买一些价值稍低的遗产资源。

9. 本馆将实施关于采访预算的战略评估

目前图书馆是部分根据主题、部分根据资源载体来分配采访预算的。这种分配方式是数十年来由服务驱动而形成的模式。因此,图书馆会为这种采访预算实施战略性的评估,确定在主题与载体之间达到一种适度的平衡。

图书馆纳入内容发展模式所考虑的因素是:通过英国法定呈缴、志愿呈缴和捐赠进行资源建设;优先主题领域和每一学科内部的协调性;定价;使用与需求;以及周期成本等。采访预算方面的任何改变都将是增量的,要花费数年的时间才能实现,尤其是在已实施了多年合同的期刊订购方面。

10. 本馆将继续进行印刷品电子化的工作

为了战略性地应对外界环境日渐加剧的变化,将优化馆藏资源,并尽可能地优化印刷品资源及数字资源的关联。除了法定呈缴之外,还将通过数字志愿协议(例如,音频资源)和数字捐赠(例如,作家、科学家们的个人数字档案)来丰富馆藏。

图书馆将继续通过特许和订购的方式来提供数字资源,以便为使用者提供性能更好的服务。举例来说,STM 特许的电子书就提供了便利条件,让读者通过大规模的集合检索获取资源。图书馆还将建立动态数字内容的关联,譬如一些数据集(datasets)。为了保证一定规模的资源采集和数字化关联,将逐步进行数字化基础设施的改善,覆盖馆藏资源从采访、保存到获取的整个生命周期。

11. 图书馆将通过管理为馆藏内容增值,并鼓励使用者通过团体来增值

本馆将继续鼓励研究者、学习者和访问者参与进来,和图书馆的用户群体一起,共同补充资源管理专业知识和专业技能,为内容增值。举例来说,本馆已经在"倾听项目(The Listening Project)"中运用了专业技术管理,将音频资源、研究者和大众的参与结合起来,与 BBC 完成了合作。在最近的数字地图项目中,自 17 至 19 世纪的 725 张扫描的英格兰、威尔士地图在一周之内就通过群众外包的方式,完成了地理坐标参考工作,其附加的地球空间信息数据现在也成了图书馆永久性数字资源馆藏的一部分。专业技能管理和团体的携手合作将越来

越重要地起到催化作用,帮助图书馆更好地丰富馆藏资源。

12. 图书馆将发展为"无墙"使用的模式

图书馆将通过在线服务,让用户能够用到越来越多的馆藏资源。图书馆将与出版商、内容提供商合作,通过多种渠道来增进、提高数字获取的途径,在合法的知识产权框架及法定呈缴的范围内,打破那些发现与获取实体资源及数字资源的障碍。

第三节　电子资源的法定呈缴

一、电子出版物法定呈缴①

英国法律规定,国内所有的印刷出版物,出版商都必须向英国国家图书馆和其他五家主要图书馆呈缴一份。这种制度称为"法定呈缴",自 1662 年就已成为英国法律的一部分。

从 2013 年 4 月 6 日开始,《2013 年法定呈缴图书馆(非印刷品)条例》[Legal Deposit Libraries(Non-Print Works)Regulations 2013]生效。这意味着法定呈缴制度也开始覆盖数字与网络在线出版物。由此,法定呈缴图书馆可以提供英国非印刷出版物的国家级存档。资源类型包括:电子期刊、电子书、数字出版的报纸杂志、网站、博客、CD-ROM 以及其他类型数字资源。

法定呈缴的法案和条例并不适用于内部网、电子邮件、有严格限制的个人数据、公映影片和记录在案的音乐出版物,但其他出版物中的音乐、音频和视频资源都包含在法定呈缴范围内。

英国国家图书馆及其他法定呈缴图书馆依法可以采集受密码保护或有登录资格限制的英国境内出版物,可以通过为期一月的通知来敦促出版商提供密码或登录凭据。

---

① Depositing electronic publications[EB/OL].[2016-02-01].http://www.bl.uk/aboutus/legaldeposit/websites/elecpubs/.

　　出版商和法定呈缴图书馆还可以通过双边协议的形式，共同决定使用其他呈缴方法，比如出版商自行呈缴相应资源。

二、资源呈缴的要求

　　1. 法定呈缴对出版商的要求

　　如果出版商已经呈缴过印刷物，须继续进行此项工作，直到英国国家图书馆或其他法定呈缴图书馆与之联络。

　　• 如果出版商的电子资源是可以通过网络自由获取的，不要求使用者登录或付费，图书馆会直接通过软件抓取获得并存档；

　　• 如果出版商要求密码登录、订阅或付费试用，法定呈缴图书馆会在开始获取该出版商的资源之前尽快联系他们。

　　2. 对呈缴格式的要求

　　有些出版物既有印刷载体，也有非印刷载体，二者内容完全一致，那么只要呈缴一种载体即可；原来呈缴印刷物的出版商应该继续呈缴印刷物，除非出版商与呈缴图书馆双方一致同意改为呈缴电子版。

　　有些电子出版物的格式不止一种，那么出版商必须与呈缴馆协商同意应该呈缴哪一种电子格式。普遍接受的格式包括 XML、HTML、SGML、PDF、ePub、Microsoft Word 和 RTF。

　　向法定呈缴图书馆缴送资源时的几种选项：

　　• 以 PDF、Microsoft Word、RTF、ePub 及其他非 XML 格式出版图书、期刊等文献的出版商，通过专用的安全门户来呈缴文献；

　　• 与图书馆有双向协议的出版商，通过既有的供应商或中介（如发行者或总代理）代表出版商来向图书馆呈缴文献复本；

　　• 通过 Portico 来存档的电子期刊出版商，授权 Portico 向图书馆呈缴期刊复本。

　　3. 元数据呈缴

　　出版商必须缴送所有相关电脑程序、工具、手册及其他信息的复本——譬如元数据、登录细节以及用于消除单个数字版权管理（DRM）技术保护手段的方法等——这些都是使用、保存出版物的必要条件。呈缴馆已经将呈缴文献的使用和安全防护管理措施分离开来,这是《2013 年法定呈缴图书馆(非印刷品)条例》许可的。参见"呈缴网络与电子出版物的安全(Security for deposited websites and electronic publications)①"。

三、英国境内网站和电子出版物的确认②

《2013 年法定呈缴图书馆(非印刷品)条例》适用于英国境内所有的非网络媒体出版物(例如 CD-ROM,microform 等),也适用于在线出版的作品。

在线出版物包括:

A 类:通过有关英国域名的网站或地址位于英国境内的网站发布给公众的信息。

B 类:通过个人或与该人士的任何行为有关的且发生于英国境内的作品创作或出版,并向公众提供的。但不包括仅向英国以外提供的作品。

A 类指的是那些网站的域名与英国或英国境内某地相关的,可以理解为所有以. uk 为后缀的网站,外加那些在地理概念的上级域名与英国相关的,如以. scot,. wales,. london 等为后缀的网站。不过,这并不能解释为在一个通用顶级域名或另一个国家的地理顶级域名中提到英国某个地方的相关网站都在此列。假设来说,譬如 www. oxford. com 或 www. london. tv 等。从这些网站上提供给公众的作品,或从其他那些域名中并没有提到任何英国地名的网站上提供的作品,如果按照 B 类的定义,只会部分地被归类为在英国境内出版或发表。

法定呈缴图书馆期望以下两类方案,可以适用 B 类:

---

① Security for electronic publications [EB/OL]. [2016 – 02 – 03]. http://www. bl. uk/aboutus/legaldeposit/websites/security/index. html.

② Identifying UK websites and electronic publications [EB/OL]. [2016 – 02 – 03]. http://www. bl. uk/aboutus/legaldeposit/websites/faq/ukmaterial/index. html.

（1）由法定呈缴图书馆采集到的那些需要登录资格才能获得的出版物，或出版商向法定呈缴图书馆缴送的出版物——出版商与呈缴图书馆之间会有某种约定。作为这种约定的一部分，呈缴馆通常都会期待与出版商就采集或缴送作品的范围协商并达成一致。就此类情况而言，呈缴图书馆会根据以下因素来框定采集范围：作品创作过程中的实质性因素（非细节性的），或编辑时决定此作品是否要在英国境内向公众传播。

（2）法定呈缴图书馆为网络上的开放资源存档时，会使用一种自动化的网络信息抓取软件（Web crawling）。尽管抓取者会向网站服务器验证自己的身份，但通常情况下，呈缴馆和每一家出版商之间并不会出现单独对话。就此类情况而言，呈缴馆会运用形形色色的技术手段来辨识哪些网站是在英国发表作品的，如果出现错误，采集了不该采集的资源，会发送通知并执行删除政策。

第四节　网络资源存档

一、网络资源存档概况

1. 概念

网络资源存档（Web Archiving），指的是收集并储存英国国境内有学术意义和文化意义的网络资源。"推动世界知识"是图书馆的使命，网络资源是国家知识产出的一部分，而且对图书馆使命完成至关重要。因此，保护英国数字遗产并确保后代利用是图书馆的责任。

英国有数百万家网站。这些网站的内容在不断变动，有些甚至在逐渐消失。这些网站经常会承载一些只有在线才能接触到的信息。为了应对某种潜在的"数据黑洞"的挑战，英国网络资源存档要尽可能地保护这些网站，越多越好。此项工作的目的在于为将来世世代代的国民提供英国各个关键网站的永久性在线使用途径。

2. 内容选择

英国网络资源存档保存的是以下几方面内容①：发表研究成果的、反映生活多样性的、反映英国境内热点与活动的、能够代表网络创新的网站。其中包括一些"灰色文献"网站：它们存有简讯、报告、政策解读，以及其他即时而意义重大的各类信息形式。

为了确保快速变化的内容能够存档，将会对被选择的网站在比较频繁的周期，例如每季度、每月、每周或每天来实施存档。重要性和研究价值是选择存档网站的重要依据。而且，图书馆为了发展特色馆藏，也会选择抓取一些网站。这类收藏是根据国家级的政治、文化、和社会与经济事件来进行的。这类收藏可以提前计划，例如，与国家的重点事件有关，或作为应对而发生的延伸事件。

3. 2016 年之前的愿景

- 本图书馆将会成为能够代表英国全境网络资源存档的首要采集者和提供者；
- 网络存档资源可为许多学科的学术研究使用；
- 研究者未来能够检索、使用网络存档资源，作为本馆整体数字资源的一部分；
- "英国网络存档"将成为众所周知的地方：研究者和普通读者可以来查找已不再活跃的英国网站，或是英国网站的历史图景。

二、网络资源存档的类别与服务

英国国家图书馆主要有两种网站存档②。

1. 法定呈缴英国网络存档

法定呈缴英国网络档案包括数百万个网站，都是通过整个英国域

---

① What is the UK Web Archive[EB/OL].[2016 - 02 - 03]. http://www. webarchive. org. uk/ukwa/info/about.

② Web Archives[EB/OL].[2016 - 02 - 03]. http://www. bl. uk/aboutus/stratpolprog/digi/webarch/webarchives. html.

名年度存档来获得的。这主要是通过对英国全境内网站的定期抓取搜集实施的。"网络资源存档组"已经落实了一套系统,能够根据挑战程度的提高而增强应对能力。

2013 年英国的网络空间存有至少四百万家网站,而且这个数字还在增长。存档组团队继续探索在这个规模上采集工作的技术和管理挑战,并尽量认识英国网域的范围和特点。

"法定呈缴英国网站存档"在所有的法定呈缴图书馆的阅览室里都可以访问使用。

2. 开放的英国网络存档

"开放的英国网站存档"是由国家馆与合作者选择了一小部分网站进行网站存档收藏,这一工作从 2003 年开始,而且得到所有者的许可。图书馆已经在有选择地存储有研究价值的网站,即能够代表英国社会历史和文化遗产的网站。到目前为止已经储存的那些网站,都可以通过"开放的英国网络存档"来使用,同时还可以额外使用威尔士国家图书馆、联合信息系统委员会和威尔卡姆图书馆(Wellcome Library)存储的资源。"开放的英国网络存档"包含数千家网站的定期快照,并提供丰富的检索功能,包括全文、题名和 URL 检索。存档资源也可以通过题名、主题、特殊文献集等来检索。

这一开放性的资源途径将继续拣选、增加新的网站。

网站存档项目与"数字图书馆系统"的获取、储藏、长期保存等各个环节的同事密切合作。与其他馆藏一样,网络存档的发现服务是通过资源发现系统"探索英国国家图书馆"提供的。该系统能够从"开放的大英网络存档"和"法定呈缴大英网络存档"两个资源库中找到记录。

三、与其他机构的合作

除了与国内的其他五个法定呈缴图书馆合作外,英国国家图书馆还是"国际互联网保存联盟(IIPC)"的发起成员之一。该联盟将有志于网络存档、分享经验、促进普适性标准和工具的使用等工作的一些国家馆及其他组织联合在一起。英国国家图书馆一直积极参与网络资源存档标准的合作制定,以及存储网络资源的关键软件的开发,包括 Heritrix 网络抓取工具,"开放资源寻回机器"等。

第五节　数字化项目

一、项目概述与目标①

数字化项目是图书馆建设数字资源的重要手段。过去二十年间,英国国家图书馆一直在开展数字化工作。近年来,已经联手外界的投资机构和技术提供者,进入了更广泛的数字化世界。通过数字化,图书馆为研究者和一般大众创造出了价值重大且经久不衰的资源。据估计,迄今为止进行的数字化工作,还不到全部馆藏的 1% 的数量。因此图书馆希望继续拓展数字化项目的范围。

数字化是图书馆合作战略中的重要支柱,包括内容战略和数字图书馆计划,而且会影响到制定面向 2020 年的战略。

数字化项目的宗旨:通过馆藏资源的数字化,图书馆将能够:

- 为研究者打开使用英国国家图书馆内容的途径;
- 创造出一批关键性的海量数字内容;
- 为学术研究增值,开放过去无法想象的一些领域;
- 支持学术研究的创新方法;
- 为他人向新用户阐释馆藏资源提供便利;
- 让使用者更便利地发现馆藏资源;
- 让馆藏资源更多地进入用户的视野,增加使用率;
- 通过数字化复制来储存独特的、稀有的、易损坏的遗产物品,保护脆弱的文献;

---

① Digitisation[EB/OL].[2016 – 02 – 02]. http://www. bl. uk/aboutus/strat-polprog/digi/digitisation/ .

- 展现难以辨认的、隐藏的文本或图像,能够对某些资源进行非介入式的检测;
- 增加收入,帮助维持长期数字化项目。

二、项目内容范围

数字化涉及所有最初以非数字形式制作的资源(例如,各种类型的印刷品、手稿、照片、草图、画作、录音、缩微胶片等)。这些资源的数字化可以满足以上列出的一种或多种目标。需要数字化的资料可能是:图书馆拥有的资源、向图书馆呈缴的资源、图书馆合作者拥有的资源、图书馆商业合作伙伴拥有的资源。

当前的一些主要项目有:

- 英国报纸存档(British Newspaper Archive,与 brightsolid 合作)
- 卷期完整的瑰宝(Treasures in Full series,古登堡等)
- 在线画廊(Online Gallery)
- "声音"项目(Sounds)
- 插图手稿目录(Catalogue of Illuminated Manuscripts)
- 图书装订数据库(Database of Bookbindings)
- 西奈法典抄本(Codex Sinaiticus)

三、特色数字化项目简介

1. 国际敦煌项目(The International Dunhuang Project)

国际敦煌项目(IDP)创建于 1993 年,是在当时收藏有敦煌以及东方丝绸之路等 20 世纪初期发掘出来的考古遗址出土的手稿、艺术品和档案等的主要机构的管理者与馆长在英国召开会议之后确立的。此项目的宗旨是通过国际合作来推动遗产的研究与保存,运用数字化的技术来拓宽文献的使用途径,同时确保文献保存的安全性。

国际敦煌项目于 1998 年上线。到了 2011 年,该项目已经在英国、中国、日本、韩国、俄国、法国、德国建立了 8 个中心,理事会设在英国国家图书馆。这些中心主持着同步更新的数据库和当地语言的网站,网上共有附带丰富元数据的 12 万藏品的 32 万帧图像资源,全部免费开放。其中包括英国国家图书馆"斯坦因亚洲中心(Stein Central Asian)"所藏的四万种手稿和一万五千种照片。

此项目共有二十余个成员参与,其他各方的馆藏资源也可以通过各个网站在线浏览。国际敦煌项目主要依赖外界资金支持。

2. 手稿数字化项目①

手稿收藏是英国国家图书馆的最引以为傲的重要馆藏,因此也是数字化项目的首选资源,目前,已经数字化或正在数字化的有以下手稿:

古希腊手稿的数字化:英国国家图书馆已经在 Stavros Niarchos 基金会的慷慨资助下,完成了六百余种古希腊手稿的数字化。到"古希腊手稿数字化"项目的第三个阶段,还会有近五百种手稿添加进来,资助者有 Stavros Niarchos 基金会、A. G. Leventis 基金会、Sylvia Ioannou 基金会等。

"英属印度皇家手稿与植物学(The Royal Manuscripts and Botany in British India)":由"艺术与人文研究理事会"资助,是"艺术与人文专题数字化"的一部分。此项目旨在为艺术与人文学科数据的存档、获取与使用探索出一些创新型的途径,资金来源是 2011 年 10 月英国政府公布的对国家级基础设施追加投资的一部分。

泰国手稿和"查克洛博瑟皇家书信档案":五十余种有关资料已经在泰国皇家政府的慷慨资助下完成了数字化,这个项目是为了庆祝 2007 年 12 月 5 日泰国国王普密蓬·阿杜德(Bhumibol Adulyadej)八十大寿而完成的。

马来手稿、新加坡早期地图、托马斯·斯坦福·莱福士(Thomas Stamford Raffles)文选等:在威廉·伯灵格和朱迪斯·伯灵格伉俪(William and Judith Bollinger)的慷慨资助下,与新加坡国立图书馆合

---

① Digitised Manuscripts Home[EB/OL].[2016 – 02 – 02]. http://www. bl. uk/manuscripts/.

作完成数字化。

波斯手稿数字化：在伊朗遗产基金会、Bahari 基金会、Roshan 文化遗产研究所、英国国家图书馆之友、Soudavar 纪念基金会和 Barakat 信托基金等多家机构的资助下，英国国家图书馆正在进行波斯手稿的数字化。

希伯来文手稿：此馆藏是英国国家图书馆在全世界最重要的善本资源之一。这一馆藏是千余年间东西方犹太人群体的创造力及犹太人大量抄写活动的一份栩栩如生的证据。Polosky 基金会提供了一大笔资助，以及英国国家图书馆、美国信托基金等多家机构的赞助，另外还有一位不愿具名的资助人。英国国家图书馆正在实施一个重大项目，将这批馆藏中的 1250 份手稿进行妥善保存、编目和数字化。

第六节　数字资源保存战略[①]

一、数字资源保存战略概述

数字资源保存自数字资源诞生起，就一直是图书馆的重大课题。它使传统图书馆的"保存"职能面临着巨大挑战。英国国家图书馆一直重视这方面的工作。在 2006 年就发布了数字资源保存战略，2013 年又发布了新的数字资源保存战略（2013—2016）。

新战略强调了数字资源保存是一个关注资源生命周期和组织共享的责任，并且要由跨部门的管理机构来实施，才能确保实现这一目的。这一战略不是单独为数字资源保存团队制定的，而是为整个图书馆制定的。

1. 背景

新千年以来，图书馆已经通过辛勤工作，确保数字化资源能够得

---

① Digital Preservation Strategy[EB/OL].[2016 - 02 - 02]. http://www. bl. uk/aboutus/stratpolprog/collectioncare/digitalpreservation/strategy/dpstrategy. html.

到妥善的保存。身为数字资源保存的"先行者",英国国家图书馆在国际数字资源保存研发群体中扮演了一个引领者的角色。图书馆已经制定并巩固了数字图书馆系统和工作流程,并通过以下几方面的功能来支持资源的长期保存,例如:资源完整性和稳定性的监测,资源内容的稳定性,保障资源格式的有效性和档案的特征描述,针对特定类型的内容或格式的资源开发一些项目。

现在图书馆正在巩固此项工作,要让所有类型的必须长期保存的数字资源能够在可靠而有效使用的成本条件下得到管理和保存,并在图书馆所有领域的数字收藏内容管理实现最佳。

2. 2020 年的战略愿景

2010 年发布的"2020 战略愿景"中,对数字资源保存也做了展望:对到 2020 年,从终端到终端的工作流程将已经到位,能够将数字资源传送、保存到一个可以信赖的长期数字仓储库中,以备未来的用户使用。能否实现共同的 2020 愿景,保证未来世世代代的用户能够使用这些资源,这是一个根本性的问题。

二、数字资源保存战略(2013—2016)的战略重点[①]

数字资源保存战略(2013—2016)战略重点都是高水准的目标,目的在于推动图书馆去实现其愿景。每一项重点都配套一系列的行动。这些重点与图书馆的总体"资源守护"方法一致,也与五项持续性管理原则相符:预测、保护、拣选重点、保存、使之可用。

本战略在总结此前工作的基础上,勾勒出了 2016 年之前要实现的四大战略重点:

战略重点 1:确保数字资源仓储库能够长期储藏并保存资源

图书馆的长期数字仓储库要存储需要永久拥有的海量的馆藏财

---

① British Library's digital preservation strategy 2013 – 2016 [EB/OL]. [2016 – 02 – 02]. http://www. bl. uk/aboutus/stratpolprog/collectioncare/digitalpreservation/ strategy/BL_DigitalPreservationStrategy_2013-16-external. pdf.

产,为了能长期保存其内容,将:

- 测试不同的技术战略,例如,迁移、模拟和规范化,以便能确定适当规模的方法和工具来对抗技术老化;
- 在长期保存数字仓储库内,确定并执行基本的保存工具,以便能可靠地保存资源为将来再利用;
- 为仓储库中的所有主要类型的数字收藏内容设计保存计划,以便能及时地应用必要的保存工具;
- 监测文件的完整性,以便确定出错的文件并采取相应的措施来确保只有完好无损的文件发送给用户;
- 适当利用共享的数字保存技术服务,例如表征信息注册表(representation information registries),可以不做不必要的重复;
- 用已认定的数字保存仓储库审核方法来审核仓储库,以便可以长时间独立地验证图书馆的方法和评估应用的程序;

战略重点 2:管控与数字资源保存相连的、贯穿数字资源内容全程的各种风险与挑战

与数字资源长期保存相关的风险有很多种形式,而且贯穿全程,为了确保数字资源进入仓储库前后的持续可靠性和完整性,将采取如下措施:

- 为了基于生命周期全程(life-cycle)的数字保存研究与建议,要建立"优质资源数字保存中心"为重点,以便能在贯穿数字内容的生命周期全程,管理数字保存风险方面提出连续的和有证据的建议;
- 在数字资源的生命周期全程里,明确定义技术需求和保存的馆藏政策,以便确保相关的保存需求是已知的,而且能够处理;
- 把数字保存风险管理整合进馆藏管理与风险管理战略,以便数字风险能与那些模拟内容面对风险比较对待,而且定期进行保存风险评估;
- 对数字化内容执行严格的质量保证程序,以便在进入保存流程前能确定质量不够的内容;
- 为数字内容应用工具与点对点的工作流程(end to end work-

flows），以便持续不断地控制与接受、管理、加工处理和获取数字馆藏内容有关的风险；

● 尽可能把有效的遗产数字内容纳入长期仓储库，以便最小化分散式的与不协调的储存与管理实践，而且能处理与这些实践有关的风险。

战略重点 3：在数字图书馆规划和发展过程中，数字可持续性应确立为一项组织原则

可持续的数字保存不仅仅要求技术解决，而且是清晰的组织责任和策略。图书馆将：

● 记录本馆相关的政策、程序、标准和系统发展，以便随着时间变迁，这些内容依然可以被维持、审计和理解；

● 在购入时就要为长期保存的内容做规划和预算，以便在生命周期的早期就考虑财政的可持续性；

● 在将来所有的系统采购和内容导向的合作者选择过程中，要考虑可持续性，以便加入新的长期展望与规划倡议；

● 确保所有负责数字内容的工作人员理解与保存有关的问题，以便在发展与规划新系统和流程时能深入地考虑可持续性与保存。

战略重点 4：要在与其他国家级和国际机构的有关数字保存合作倡议中受益

数字保存是个全球问题，有效与高效率的合作是及时与最小重复劳动地解决共有问题的关键，图书馆将：

● 在满足本馆商业需求的数字保存方面，寻找合适的机会与其他机构和组织合作，以便可以从提供给应对共同的挑战的共享办法中获益；

● 在已进行的合作项目中，做出成功的贡献，包括 APARSEN、SCAPE 和 SPRUCE 项目，以便满足现有的承诺并在国际合作数字保存研发的最前沿维持图书馆的地位；

● 在更广泛的国际数字保存和数字文化遗产团体中交换知识和专业技能，以便其他机构可以从中学习，并提供机会来认识未来潜在的有相似兴趣的合作者；

- 确保与专业数字保存成员机构的合作（例如，Open Planets Foundation 开放行星基金会和数字保存联盟）和组织的要求相一致，以便得到时间、精力和财政等方面投资的最大回报。
- 本战略文件还就长期保存的管理、计量、风险等内容进行了分析。

第二章　美国国会图书馆

第一节　电子馆藏资源政策与战略规划

一、美国国会图书馆资电子源建设概况

美国国会图书馆由美国国会于 1800 年创立。美国国会图书馆自 1994 年开始制作可在网页上使用的电子版资料,这些资料主要集中在珍藏稀有资料以及无法从其他地方得到的资料。国会图书馆所提供的服务是通往包含数字化照片、手稿、地图、录音、动画电影和书籍等资料以及像网页一样的"原生电子资源"所组成不断增长的财富的大门。另外,国会图书馆维护并推进数字图书馆的使用,并且提供在线搜索和咨询服务。

美国国会图书馆目前已保存有超过 1.58 亿件物理资料,国会图书馆在线目录汇集了超过 1800 万条目录记录,包含了图书、丛书、手稿、地图、音乐、录音记录、图片和电子资源[①]。其中电子资源具体分类包含所有免费资源、网页只读资源、档案资源、目录工具书、传记文学、书评、网络存档、名录、博硕士学位论文、电子书、百科全书、词典、年鉴、全文资源、政府公文、图片、地图、音乐、报纸、统计资料、技术报告和标准以及网络搜索工具。国会图书馆当前还在持续增加电子资料的采购。国会图书馆也加强了接收、鉴定和存储新的和已有格式数字资源的能力。

美国国会图书馆网站是可以提供最高质量内容的非营利网站之一。通过这个网站,公众不用到访华盛顿的国会图书馆本部就可以获

---

① About the LC Online Catalog[EB/OL]. [2016 - 02 - 28]. https://catalog. loc. gov/vwebv/ui/en_US/htdocs/help/index. html.

得国家图书馆的巨大财富。该网站还可以保存十分脆弱的珍贵稀有资料。

二、美国国会图书馆电子资源收藏政策

国会图书馆从 20 世纪中期就开始制定馆藏政策说明,已经形成 3 条基本原则或采选标准①:

- 图书馆应该拥有国会和其他各联邦政府机构履行其职责必要的所有图书与其他图书馆资料;
- 图书馆应该拥有所有记录美国人民生活和成果的图书与其他资料(无论是原始的还是复制的);
- 图书馆应该拥有一些有用的,记录其他社会的过去和现在的,而且应该积累,原始的或复制的资料,全部或有代表性地收藏那些与美国人民最直接相关社会和人民经验的书写记录。

这三条准则是国会图书馆制定一切采选政策的依据。随着电子资源的迅速发展,国会图书馆馆藏政策委员会在 2008 年修订馆藏政策说明时,增加了关于电子资源的政策说明。而且基于电子资源的特殊性,提出应该每两年评估一次电子资源政策指南,以确保图书馆能满足当前与未来的需要。下面介绍一下有关电子资源政策说明的主要内容②。

1. 介绍

电子资源是国会图书馆海量收藏的多种载体之一。推荐人员(Recommending Officer,简称 RO)依照合适的主题、语言、地理区域或者格式来推荐电子资源。持续增加的电子资源数量与对电子资源的

---

① Collection overview-general statement[EB/OL].[2016 - 02 - 15]. http://www. loc. gov/acq/devpol/colloverviews/generalstmt. html.

② LIBRARY OF CONGRESS COLLECTIONS POLICY STATEMENTS SUPPLE-MENTARY GUIDELINES[EB/OL].[2016 - 02 - 15]. http://www. loc. gov/acq/devpol/electronicresources. pdf.

依赖要求不断努力地进行识别和采购。国会图书馆电子资源政策,同其他资源一样,都要通过版权呈缴(Copyright Deposit)来获取,除非它们不受制于版权法第 407 或者 408 章的规定。

国会图书馆保存电子资源是为了保障永久访问其所记载的信息资源。当图书馆同时拥有一种资料的电子版和其他版本时,这两种版本都会被图书馆永久保存。对于直接的和远程访问资源,国会图书馆会依据相应的实践标准、指导方针和法律要求尽力保存。此外,国会图书馆应与资源供应者协商电子资源的存档许可,当将来资源提供者不再能够提供利用时,图书馆的存档能在将来利用。对于远程访问资源,当无法获得保存许可时,国会图书馆会仅提供一个访问该资源的链接。

电子资源包含但不限制于:网站,在线数据,电子刊物,电子书,电子整合资源,以及所有格式无论收费或者免费的、需要支持所覆盖主题的研究的物理载体,也可能是音频,视频或者文字资料。

2. 通用准则

用于评估电子资源研究价值的标准与其他格式资源的评估标准没有很大的区别。然而,特别需要关注的是那些当代人感兴趣的,但主流出版社也缺乏的提供社会、文化以及政治问题的独特视觉的材料。

国会图书馆采访电子资源依据在以下标准排名较高的资源:

- 对服务当代及未来国会和科研人员需求所能起到的作用;
- 资源供应者的声誉;
- 提供的独特信息量;
- 学术内容;
- 内容仅存在于电子模式下;
- 濒危(可能出现意外或被剔除的资源);
- 即时资源(灰色文献或地下资源)。

3. 特殊准则

推荐或者选择电子资源是需要考虑以下一些事项：

（1）内容：资源需要达到它所宣传的目标，并且能提供一个明显的研究价值范围的平台。

（2）附加值：资源能在全馆区范围内可用，并且图书馆的远程工作人员拥有很高的优先访问权。

（3）可访问性：

- 服务器可靠性；
- 如果需要注册，应该判断是否合适，并且需要隐私声明；
- 如果需要，应提供资源链接所需的插件软件。

（4）设计、用户界面与导航：

- 组织合理且易于导航；
- 有搜索和帮助功能，以及网站地图；
- 功能齐全的设计元素；
- 方便使用的互动功能。

（5）标准：付费资源应该符合主流的技术指标和电脑配置。

（6）永久保存：电子资源是图书馆收藏的一部分，并且保存决定执行的标准同其他载体相同，都是基于满足国会及科研机构研究需求的任务。在图书馆会采购或者创建这些资源的同时，如果可能，就要承诺提供有长期研究价值的电子资源的永久访问。这一承诺延伸到相关的书目信息，管理和元数据保存。通过发展国会图书馆的数字仓储库，和其他可信任的数字仓库的契约性协议将是做到可靠的访问的有力保障。

（7）最优先保存事项：

- 国会图书馆所自创的、没有其他版本的数字资源，例如美国记忆，网站归档，走向世界门户；
- 没有其他版本存在的数字资源；
- 国会图书馆不再收藏的印本资源的电子版本；
- 有附加价值的电子等价物；

- 国会图书馆数字化的资料；
- 国会图书馆购买的独有电子资源；
- 电脑程序。国会图书馆将会选择永久收藏一些具有代表性的电脑软件来记录电脑技术的历史和发展。另外,国会图书馆还要获得远程和本地访问所需软件的副本的归档许可。

三、数字资源的主要技术标准

随着数字技术的快速发展,数字资源所涉及的技术也是日新月异。采用哪种技术标准对数字资源的利用、保存等具有重要意义。国会图书馆采用的数字图书馆标准主要有[1]:

- ALTO:光学字符识别的技术性元数据;
- AudioMD and VideoMD:详细描述基于数字客体的视频和音频的技术性元数据的 XML 模式;
- METS(Metadata Encoding & Transmission Standard):用于描述性的、管理性的和结构性的元数据编码的结构;
- MIX(NISO Metadata for Images in XML):管理数字影像收藏所要求的技术性数据元素编码的 XML 模式;
- PREMIS(Preservation Metadata):数据词典并且支持 XML 的模式,用来支持数字资源长期保存所需的核心存储元数据;
- TextMD(Technical Metadata for Text):详细描述基于文本数字对象的技术性元数据的 XML 模式。

四、美国国会图书馆战略规划

为了迎接新的挑战,确保国会图书馆的世界领先地位,国会图书馆在以前战略计划的基础上,制定了开放、灵活的 2016—2020 财政年

---

[1] Standards at the Library of Congress[EB/OL]. [2016 - 02 - 15]. http://www. loc. gov/standards/.

度 5 年战略计划①。战略计划是国会图书馆根据自己的地位与行动，根据用户与职员的反馈，分析了图书馆未来的主要挑战等因素制定的。

该战略计划主要包括 7 个部分：服务、馆藏、创新、合作、授权、技术、组织机构等。战略 2 是有关馆藏资源建设方面的。该战略提出要获取记载各种知识的和美国创新的资料作为馆藏，而且要保存、保护并提供利用。战略中既包括预期成果，也有为达到目的采取的行动。内容如下。

1. 目的：利用各种方法为图书馆获取资源，研究资料更易为所有人利用，以最佳载体为当前和长期利用保持活力。

行动：

● 加强政策说明来确保图书馆购入的资源以最佳载体来满足图书馆用户现在与未来的需求；

● 发展与执行新的图书馆馆藏揭示系统，使其能更大范围地利用；

● 继续大力宣传图书馆持续增长的模拟与数字馆藏而导致的存储能力不足；

● 扩大图书馆的仓储服务来支持多样的和不断增长的数字馆藏项目。

2. 目的：设计图书馆的保存与馆藏管理项目，确保各种馆藏载体当前与未来的活力。

行动：采取成熟的保存技术并投资于最前沿的研究与发展。

3. 目的：选民能在恰当地保证隐私、安全与知识产权保护的情况下利用图书馆的馆藏。

---

① Library of congress strategic plan：fy2016 through 2020［EB/OL］.［2016 – 02 – 15］. http：//www. loc. gov/portals/static/about/documents/library_congress_strat- plan_2016-2020. pdf.

行动：

● 协调和优先处理图书馆内的数字化,努力满足选民的需求,并保存格式化技术,而且要保护权利所有者；

● 采访当前资料并且保存为将来利用,但要认识到马上利用可能有限制；

● 为书目检索创造新的方法来增强图书馆馆藏和其他实体馆藏的发现；

● 加强参考咨询服务和提供专家研究服务的能力,以及促进馆藏发现的工具；

● 为代表人数不足和服务不足的团体,如盲人或肢体残疾人等,加强馆藏、项目以及各种服务。

4. 目的:不论载体或馆藏地点,都要考虑馆藏的安全。

行动：

● 增强馆藏的物理和网络安全,通过改进整合图书馆的服务、馆藏管理和目录控制系统来确保长期利用；

● 为了及时地保存、保护和利用馆藏与支持员工和选民的系统,提高运行能力的完整连续性。

第二节　网络存档

一、美国国会图书馆网络存档概况

1. 历史背景与发展过程

随着数字信息资源的快速发展,国会图书馆把传统馆藏的采访、编目、保存以及为国会和美国人民服务等各项功能拓展到了包括网络资源在内的数字资料。国会图书馆采访和使原生数字资源可以永久访问对美国的知识、商业和创意生活发挥着越来越重要的作用。

2000 年,国会图书馆建立了一个收集和保存网站的项目,即 MI-NERVA 网站保存计划,就是为了更广泛地来收集和保存原始文献资料。图书馆的还建立了一个多学科的图书馆员团队,负责研究评估、筛选、收集、编目、提供访问和为未来的研究人员保存这些资料的方法。国会图书馆已经开发了主题网站和基于事件的网络存档,比如美国大选、伊拉克战争以及"9·11"事件等主题。

2003年,美国国会图书馆与其他国家图书馆以及互联网档案馆认识到互联网资源保存国际协作的重要性,建立了国际互联网保存联盟(International Internet Preservation Consortium)。联盟的目的包括从全世界收集丰富的网络内容,培育发展并利用共同的工具、技术和标准,以便能创立国际档案。同年,国会图书馆编制了网络存档收藏政策,并由馆藏政策委员会批准。

2004年,图书馆的战略办公室发起创办了网络存档小组,来支持管理和维持处于危险中的数字内容。该小组负责建立图书馆范围内的协议和抓取网站内容的技术基础设施。其主要工作是:收藏网络内容,测试和模拟大量数字内容和相关元数据的收割机制,建立一个与内容收割相关的技术决策和工具的业内协议,开发强大的网络归档基础设施。该小组还与其他员工和国内、国际的合作者共同确认政策问题,建立收藏和保存网络内容的最佳实践和建设工具。

在2005年"选择和管理抓取的网络内容"("Selecting and Managing Content Captured from the Web"简称SMCCW)项目开始制定:收割网站的内容选择标准,技术能力达到的标准,依据这些标准是否影响或者阻碍网站的收藏建设,确保网站内容持久生命力和价值所需要的监管行为,以及与网站归档相关的全数字生命周期过程的其他方面。

2008年,国会图书馆对所有采访政策说明进行了评价和更新,网站归档政策说明得到重新修订并且成为馆藏政策的补充指南文件。

2010年,图书馆服务部任命了网络归档的协调组来协调所有图书馆服务部的网络归档行为,并强调在服务部门各个单位内外的利益相关者与图书馆间的联络功能。

2013年,馆藏发展办公室修改了网络归档的馆藏政策,新的网络归档政策开始实行。

2. 网络存档资源概况①

截至 2015 年年底,如果以 Original Formats(原始载体)为 Archived Web Sites(存档的网站)作为限定条件,其资源数量为:11 269 件。其中网页 11 235 种,PDF 文件 27 种。使用条件:通过网络使用的:10 456种;在国会图书馆馆区内使用的:813 种。就语言来说,英语占绝大多数,10 656 种;其次为西班牙语,175 种。就主题来说,政治与政府、选举、政治候选人、美国选举、美国国会这些主题都在 5000 种以上。

二、网络存档收藏政策指南

网络存档收藏政策是国会图书馆制定的关于馆藏政策说明的补充指南的一部分,最新版本于 2013 年 11 月修订②。主要内容包括采访范围、研究重点、收藏政策、资源采集:现在和未来、收藏级别等。

1. 采访范围

网站持续发展的同时也会不断消失。网站消失以及网站内容持续快速更新,这就使数字世界在海量的和持续的增长的同时,大多数内容的生命是短暂的,因此图书馆必须:首先,定义网站收藏的范围以及优先顺序。其次,为了提升图书馆的能力,继续履行其重要历史使命,需要发展合作伙伴以及合作关系。

从开始阶段,图书馆的网站归档就被定义为一个基于馆藏的活动。这就意味着在通常的实践工作中并不采集一个个的单独网站,而是基于一个有命名的专题、事件或者基于主题的收集。收割的网站馆藏是由推荐人员(RO)管理的,并由他们设定收割网站的频率以及范围。国会图书馆的目标是创造特定时间或时间段的特定点的一个网

---

① Archived Web Sites [EB/OL]. [2016 – 02 – 15]. https://www.loc.gov/websites/.

② Library Of Congress Collections Policy Statements Supplementary Guidelines [EB/OL]. [2016 – 02 – 15]. https://www.loc.gov/acq/devpol/webarchive.pdf.

站快照存档。

　　推荐人员会提交给网络存档管理监管委员会（Web Archiving Management Oversight Committee，MOC）收藏建议。这个建议可能对某个特定范围是全面采选的，也可能选择性收入某个特定类型或级别的非常有代表性的网站。建议收藏的提案具有这些特征：①收藏的命名；②背景资料；③理由。另外，这个提案还包括该收藏预期收集的网站类型的范围；大致的种子数量（由推荐人员指定的初始 URL）；收割的频率；以及是特定时段内完成还是需要持续收割。

　　一旦提案被 MOC 批准，并且经过法律顾问办公室对许可方法提供指导，推荐人员会评估这个主题收藏并选取特定网站，而且这个推荐人员会变成这个特定网站收集的管理员并且负责阶段性对所选网站进行评价，以确保所选网站始终在应该收集的范围内。

　　国会图书馆网络归档的实施受到图书馆在大多数网站的权限审核影响，除政府网站、使用知识共享或者其他类似服务条款的网站外。在图书馆权限审核过程的要求下，需要给网站所有者提供少量的注意事项。

　　2. 研究重点

　　一个网站的内容范围可能是与分类馆藏的印刷出版物仅仅是载体不同的正式出版物，也可能是短短的 140 个字符的微博。网络信息存档在科技可能的情况下尽可能多地保存基于网络的用户体验，以便向未来用户提供这些某个时间点出现在该存档网站上的某个特定组织或者个人的精准快照，包括这些知识内容（例如文本）如何被网站构建的。

　　通过积累这些材料，国会图书馆将能够为后代提供未来其他任何地方都无法呈现的事件的关键解释。截至 2013 年，国会图书馆已经收藏了 475 百万兆字节的网站内容，包括：2000—2012 年美国大选，"9·11"事件，回溯到 107 届国会的及其立法分支的网站、合法的法律博客、伊拉克战争、达尔富尔危机等视频资料，以及一些没有主题的单独网站内容等。

3. 收藏政策

2013 年网络归档管理监督委员会（Web Archiving Management O-versight Committee）和馆藏政策委员会（Collections Policy Committee）所采纳的网络归档任务声明如下：

> 国会图书馆将通过采访网络收割选定的网站及其多格式的内容为美国国会、科研人员以及普通大众服务。国会图书馆会定义所选择、保存的反映最初用户体验的网站内容特征，并且提供访问所收割的网络内容的存档副本的入口。美国立法分支机构网站、美国众议院和参议院办公室和委员会、美国国家大选活动将全面收录。其他类别网站，仅选择有代表性的，作为已经定义好的主题、学科或者事件收藏的主要部分。

通常，图书馆会遵循基于馆藏的方式来创建其网络归档收藏，然而，"单一网站"性能也允许收集不同主题领域的有代表性网站。

国会图书馆选取依据以下几个标准，把排名高的网站作为永久收藏：

- 服务当前及未来国会和科研人员的信息需求时的有用性；
- 提供信息的唯一性；
- 学术内容；
- 濒危性（因某些网站的短暂本质）；
- 准确性。

为国会图书馆收藏选取的网站收割主题和范围，是依据 MOC 所认可的收藏建议和规范描述。网站所包含的载体包括：视频资料、印刷资料、照片、地图或者支持所研究主题所需的相关载体。与某个收藏相关的推荐人员需要对被推荐网站的主题、语言或者地理位置负责。

就任何载体来说，在收集任何网站的决策过程中，都必须考虑工作成本和选择、编目、服务、存储和保存的需求。存储需要花费时间和金钱,因此选择必须十分谨慎。精确地收割网站内容涉及对网络技术新工具的要求。

国会图书馆致力于保存网站及网络收藏是为了保证可以永久访问这些资源,这与纸本或其他载体的模拟资源一样。

4. 资源采集:现在和未来

现在:由推荐人员甄选网站或者种子 URL,其依据是被批准的收藏建议和说明,以及国会图书馆任何相关的选择标准指南。推荐人员和图书馆管理员对潜在的收藏"事件"或"主题"负责鉴别。一份内容范围提出后,要提交给图书馆管理员进行甄别资源是否有效。新网络归档项目的建议和想法开始实施之前必须经过部门和董事会的同意。推荐人员也会选取在他们主题范围内的单独网站。

未来:鉴于网络的本质和相关技术的不断改进,图书馆也需要阶段性的重新评估从选取到归档工作的最佳方法。

就网站和网络收藏来说,图书馆已经和其他研究机构合作收藏或者合作发展,而且存储在不在图书馆的管辖范围内的仓储机构,图书馆将与仓储机构协商使资源可以电子化提供给用户,确保永久访问或在将来转化为图书馆建档存储的资源。

5. 收藏级别

收藏等级是由图书馆馆藏政策说明的范围,推荐人员的选择,工作成本以及网站的选择、编目、服务、存储和保存的要求决定的。

三、网络归档的主要成就

下表显示的是美国国会图书馆开发或者参与开发的网络归档的部分清单。其中包含不同阶段的网络归档成果①。标志有 * 的是目前正在归档的项目。

---

① Web Archive Collections[EB/OL].[2016 - 02 - 15]. http://www.loc.gov/ webarchiving/collections. html.

表1　美国国会图书馆网络归档内容列表

网络归档主题	主要案例(部分举例)	主题描述
美国选举网络归档	2016 年美国大选网络归档* 2000 年、2002 年、2004 年、2006 年、2008 年、2010 年、2012、2014 美国选举网页归档	自 2000 年开始,国会图书馆归档了与美国总统、国会、州长选举相关的网站。
国会和立法机构网络归档	114 届国会网络归档* 113 届国会网络归档 107—112 届国会网络归档	国会图书馆定期对国会成员,以及国会委员会的网页实施归档。
法律图书馆网络归档	联邦法庭网络归档* 国际法庭网络归档* 法律博客网络归档* 最高法院提名	国会法律图书馆归档了记录最高法院法律内容改变的网站,同时还选择性地收藏了与美国律师协会有关的、认可的法学院,研究机构,智囊团,和其他专家组织的权威的法律博客。
独立网站网络归档	独立网站网页归档*	国会图书馆实验了与特殊主题或者事件不相关的网页归档。在这个进行中的项目,国会图书馆推荐人员挑选原生电子资源来加强并扩展图书馆传统模拟资源馆藏。

续表

网络归档主题	主要案例(部分举例)	主题描述
其他事件和主题网络归档	美国商业网络归档*	国会图书馆筛选和保存了包含一系列其他事件和主题的集合。
	东欧政府网页归档*	
	联邦顾问委员会收藏*	
	网络新闻网页归档*	
	国会图书馆手稿部的机构网页存档*	
	表演艺术网络归档*	
	公共政策话题网络归档*	
	科学类微博归档*	
国际网络归档	非洲政府网站归档*	国会图书馆在开罗,伊斯兰堡,雅加达,新德里和里约的海外办公室归档了覆盖当地大选和事件的网站。
	阿富汗,伊朗,巴基斯坦网站归档*	
	巴西 Cordel 文学网页归档*	
	2015 年缅甸大选网页归档	
	中东,北非政府机构网页归档*	
其他协作	与 Archive-It、法国国会图书馆合作归档的乌克兰冲突网络资源	国会图书馆同时也和其他机构协作来记录美国以及全球的历史事件。这些资源可以通过合作者网站访问。
	与法国国会图书馆协作的 2011 年北非和中东网页归档	
	与弗吉尼亚理工学院、Ar-chive-It 和日本国立国会图书馆合作的日本地震网页归档	

资料来源:http://www.loc.gov/webarchiving/collections.html。

第三节　数字保存

一、数字保存项目概况

数字保存是对数字内容的主动管理,以确保其随着时间流逝仍能持续地访问。为此,2000 年 11 月,美国国会拨款 10 亿美元,由国会图书馆领导成立了国家数字信息基础设施和保存项目(The National Digital Information Infrastructure and Preservation Program,简称 NDIIPP)。NDIIPP 执行一项国家战略,就是收集、保存和提供重要数字内容(特别是仅以数字模式创造的信息)为当前及未来利用。法律要求国会图书馆与其他联邦机构以及一些其他的利益相关者来发展国家级的数字保存方法。

项目最初的工作集中于召集各种不同的利益相关者团体来制定发展计划。2003 年国会批准了"保护我们的数字遗产:国家数字信息基础设施和保存项目计划"①。

2004 年,国会图书馆资助了"保存内容并建立网络保存合作网"提案。

2005 年 NDIIPP 与国家科学基金会合作,承担起先期研究项目,支持长期管理数字信息的高级研究。以后几年,项目与若干其他合作者达成协议,解决共同感兴趣的领域。

2007 年,图书馆资助"保存创意美国"项目,发起的目标是保存范围广大的创意作品,包括数字照片、动漫、电影、录音资料和电子游戏。

2008 年,开始实施"保存州政府信息倡议",支持了 4 个项目,涉及 23 个州。

---

① 　Preserving Our Digital Heritage:Plan for the National Digital Information Infrastructure and Preservation Program[EB/OL]. [2016 – 02 – 16]. http://www. digitalpreservation. gov/documents/ndiipp_plan. pdf.

2011 年,图书馆出版了一份报告,"保护我们的数字遗产:国家数字信息基础设施和保存项目 2010 报告"①,记录了国会图书馆与其NDIIPP 合作者的成就。

目前,该项目已经联合了全美乃至全球范围内的上百个合作机构来进行濒危数字资源保存和构建分散数字资源保存的基础构架。已经遴选超过 1400 种珍贵濒危资料集合并得到保存②。NDIIPP 了提供详尽的保存标准、最优范例、工具、服务、教育和培训。该项目同时提供大量的指南和技巧来帮助个人完成数字资料的保存。

二、国会图书馆及其合作者长期保存的资源内容③

美国国会图书馆与全球多个伙伴合作收藏和保存全球范围内的濒危数字内容,截至目前有 1406 种。主要的保存内容类型:文本和/或图片,占 86.68%;网站,9.22%;视听资料,2.80%;地理空间,1.30%。内容主题(按照数量多少依次)包括:新闻、媒体与期刊(734项),社会科学(390 项),政府、政治与法律(99 项),美国史(84 项),艺术与文化(48 项),世界历史与文化(20 项)等。

三、数字资源保存合作组织

国会图书馆的数字保存合作者包括:国家数字管理联盟(NDSA),数位典藏外联及教育(DPOE),国家数字信息基础设施和保存项目,联邦数字化指南倡议(FADGI),国家互联网保存联盟(IIPC)等机构。

---

① Preserving Our Digital Heritage:The National Digital Information Infrastructure and Preservation Program 2010 Report[EB/OL].[2016 – 02 – 16].http://www.digitalpreservation. gov/multimedia/documents/NDIIPP2010Report_Post. pdf.

② Collections[EB/OL].[2016 – 02 – 18]. http://www. digitalpreservation. gov/collections/.

③ Partner Collections[EB/OL].[2016 – 02 – 18]. http://www. digitalpreservation. gov/collections/collections. html#./collections. html? &_suid = 14560201737 5805882847641232596.

1. 联邦数字化指南倡议（FADGI）①

该机构由联邦组织在 2007 年联合组成,致力于确定数字化的历史内容的可持续发展方式的常规指南、方法和实践。考虑到完成该项工作需要不同的专业技能,成立了两个独立的工作组来完成相应的工作。联邦机构静态图像数字化工作组（Federal Agencies Still Image Digitization Working Group）主要致力于像图书、手稿、地图、照片和底片这样的图像内容。联邦机构视听工作组（Federal Agencies Audio-Visual Working Group）则专注于音频、视频以及动画影片。

参与机构的共识是:统一的数字化指南将加强研究成果和进展的交流,鼓励联邦机构和组织间协作数字化实践和项目,并为公众提供统一品质的产品。他们还会为数字化服务的供应商和制造商建立一套统一的基准。

参与该倡议的机构在发展技术指南时,也都遵循着统一的理念,如下:

- 指南必须是基于描述数字化内容的预期利用的清晰目标的;
- 方法和要求应当尽可能地基于已被认可的标准或者经验数据;
- 工作必须重点优先,要根据项目预测,指南如果是不完整的、过时的或不存在的影响以及开发一个有效指南所需的努力来决定顺序;
- 通过联邦倡议所做的成果是完全透明的,不仅向公众展示结果,同时也会解释过程和原理;
- 参与成员积极向公众,政府机构,学术机构,公司实体以及贸易组织寻求意见。

联邦机构的参与是自愿且不具约束的。希望参与者提供输入、共享信息和资源(如果可能),并提供他们的优先主张、倡议方法,是否批

---

① About[EB/OL].[2016 - 02 - 18]. http://www. digitizationguidelines. gov/about/.

准指导方针的草案,并且回应外界的建议和疑问。在该倡议下制定的指导方针不要求参与机构必须执行,也不要求在任何条件下都进行实践。希望参与机构能够真诚的付出努力将指导方针转化为标准操作程序,并为合同服务或购买提供执行标准。

2. 国家数字管理联盟(NDSA)①

国家数字管理联盟(The National Digital Stewardship Alliance 门,简称 NDSA),是致力于长期保存数字信息的组织机构的联盟。2010年,由 NDIIPP 倡议成立的会员组织。其使命是为了当前和后代的利益,建立、维护和推进保存国家数字资源能力。在每 4 年的任期中,国会图书馆提供了秘书长和会员管理来支持 NDSA,对工作组领导、专家和管理工作做出了贡献。

NDSA 目前有超过 160 个合作机构,涵盖了大学,政府和非营利组织,商业公司,专业协会等。

NDSA 的领导机构是协调委员会,对 NDSA 提供战略领导,其成员和主席每年选举。下设 5 个工作组,每个组设 2 名联席主席,协调委员会领导。5 个工作组负责的工作是:内容、标准与实践、基础设施、创新和外联。

NDSA 内容工作组:内容工作组主要的工作任务为选择、发现和保存数字内容。该小组致力于研究重要(数字)资源的采选指南,发现濒危数字资源,并且保证所有成员对这些数字资源进行采购、保存以及提供访问地址。内容工作组分成多个内容小组对不同的专题领域进行收藏,目前包含以下小组:政府(文献)小组;地理空间小组;新闻和媒体小组;科学、数学、科技和医学小组;社会科学小组;文化遗产小组以及艺术与人文科学小组。内容小组对该小组所负责领域的重要的需要保存的数字资源进行评估和筛选,制作成不同的研究课题来分享给所有的成员,从内容制作者到文化遗产组织,用以促进成员对数字

① National Digital Stewardship Alliance[EB/OL]. [2016 – 02 – 18]. http://www.digitalpreservation.gov/ndsa/index.html.

资源的保存。

NDSA标准和实践工作组:该工作组致力于促进成员更加深刻地理解标准在资源保存过程中的作用和益处,并且指导成员高效地使用标准以保证资源的可用性和长久性。同时,该工作组也致力于探寻对选择、组织、描述、管理、保护和服务数字内容有效的实践方法的确定、提高和广泛传播,并在合适时与其他个人或者组织进行合作。

NDSA基础设施工作组:该工作组致力于识别和分享开发与维护用于支持长期保存数字内容的管理、保护、存储、托管、迁移和类似活动的工具和系统的新兴方法。NDSA精制了一套"数字保存等级"的指南,向其他组织推荐如何开始构建或者加强他们的数字保存活动。目的不仅是对开始创建数字保存的机构提供简单易行的指导,同时也为准备加强现有数字资源保护系统和流程的机构提供指导。指南允许机构对自身获取的特殊数字资源进行等级评估,但它不是用来评估数字保存项目作为一个整体的稳固性,因为它不涉及政策、员工或组织支持。这个指南在数字资源保存系统的核心部分归纳出五个功能区域,分别是:存储和地理位置、文件固定性和数据完整性、信息安全、元数据以及文件格式。该工作组同时也正在探讨围绕运用大范围和云存储平台进行数字内容保存的新兴方法。

NDSA创新工作组:通过鼓励和分享数字资源保存实践和技术的创新方法,NDSA创新工作组分配、记载、分享新兴概念,同时与合作伙伴开展和指导研究与开发工作,探寻新的方法与机遇。

NDSA外联工作组:该工作组致力于和利益相关团体创建合作关系,并且准备和分享数字保存的信息资源。活动范围包括:确认和评估NDSA所需的交流工具;识别和推广重要的数字保存信息资源;界定NDSA内部与超越团体的外联机会。外联工作组的动作范围分为三大类:公共意识;合作伙伴招募;通过NDSA进行交流。

3. 数字保存外联及教育①

数字保存外联及教育(Digital Preservation Outreach & Education,简称 DPOE)的成员是由美国国会图书馆的馆员,培训者网络,学科专家工作组和数字保存倡导者团体组成的。

DPOE 促进全球规模的关于数字保存的外联和教育,并且推进持续的教育和培训机会,来加强个人和机构提供长期的、持久访问数字内容的能力。该组织支持培训者的国际联网,培训者是那些能对现有和未来的专业人士提供数字保存方面的基础培训的人士。目前 DPOE 已经在美国,澳大利亚和新西兰培训了超过 150 名培训者,这些培训者已经在全球培训了几千名可以从事数位典藏工作的专业人员。

---

① Digital Preservation Outreach & Education [EB/OL]. [2016 – 02 – 18]. http://www. digitalpreservation. gov/education/index. html.

第三章　日本国立国会图书馆

日本国立国会图书馆（National Diet Library，以下简称 NDL）位于日本首都东京，成立于 1948 年 2 月 25 日，隶属国会管辖，受参议院、众议院两院具体监督，由中央图书馆和支部图书馆组成，包括东京本馆、关西馆和国际儿童图书馆三处馆舍，数字图书馆事业的整体规划和立项由东京本馆负责，关西馆负责系统的研发、运营、调查以及数字文献资源的建设与服务。

NDL 的前身是原帝国议会两院所属的众议院图书馆、贵族院图书馆以及隶属于文部省的帝国图书馆。第二次世界大战后，为了保障国会议员可以进行深入全面的立法调查活动，1947 年施行的《国会法》第 130 条规定"为了便于议员开展调查研究，国会根据相关法律，设立国立国会图书馆"。1948 年颁布并实施的《国立国会图书馆法》将该馆性质定位为国会图书馆，同时也确立了其国家图书馆的地位，并规定了以广泛收集国内出版物为目的的法定呈缴制度。

《国立国会图书馆法》序言明确指出了该馆的设立理念是，"坚持真理使我们自由的理念，肩负为宪法誓约的日本民主化以及世界和平做出贡献的使命"。《国立国会图书馆法》第二条指明了该馆的设立目的是，"以搜集到的图书及其他资料，在帮助国会议员完成公务的同时，对行政和司法部门以及日本国民提供法律上所规定的图书馆服务为目的"。

第一节　馆藏建设现状

NDL 是日本唯一法定接受缴送本的图书馆，致力于广泛收集和保存各种载体形式的出版物，收集的国内出版物作为日本文化遗产将进行永久性保存,以建立信息资源保存与提供保障体系为重任。在信息化的社会中,作为国家的文献信息中心,对来自国内外各方面的需求,提供迅速准确的服务。

一、整体馆藏概况

根据《国立国会图书馆法》规定,日本国内发行的所有出版物都应向 NDL 进行缴送,包括图书、小册子、连续出版物、乐谱、地图、录音制品、以印刷及其他方法复制而成的文字或图片、电影胶卷、盲文资料、音像制品、实体电子出版物和网络出版物等,缴送的应是最优版本。除缴送之外,其他资料来源方式还包括采购、交换、接受捐赠、寄存、复制、网络资源采集等。

截至 2015 年 3 月底,NDL 的馆藏总量达到 4107 万 4863 件(册)。

表 1　NDL 馆藏概况(2014 年度)①

资料类别 \ 统计	藏书总量	本年度递增量
图书	10 534 602	210 019
连续出版物	16 501 384	576 061
缩微资料	9 109 994	17 453
录音资料	705 118	11 909
光盘	128 083	7325
地图	557 900	6144
博士论文	589 696	2836
档案	375 163	10 433
合计(册/件)	41 074 863	854 539

---

① 国立国会図書館総務部総務課. 数字で見る国立国会図書館:『国立国会図書館年報 平成 26 年度』から[J/OL]. 国立国会図書館月報,2016(1):28. [2016 – 02 – 05]. http://dl. ndl. go. jp/view/download/digidepo_9578225_po_gep-po1601. pdf? contentNo = 1#page = 30.

二、主要电子资源馆藏

1998 年 5 月公布的《国立国会图书馆电子图书馆构想》将该馆的电子图书馆定义为"图书馆借助于通信网络所提供的电子形式的一次信息（文献本身）、二次信息（文献相关信息）以及基于此目的的基础设施"，以"任何时间、任何人、任何地点"都可利用数字资源为目标。NDL 的电子资源主要由以下几项组成：

1. 馆藏数字化资源

馆藏数字化资源是 NDL 数字资源建设和服务的起点，也是其电子图书馆的核心业务，截至 2015 年 8 月，可供利用的馆藏数字化资源已经达到 248.5 万件。

表 2　NDL 馆藏数字化资源（2016 年 1 月）①

资料类别	网上公开	馆际电子文献传递	仅限馆内阅览	合计
图书（明治时期至 1968 年期间出版的图书）	35 万	50 万	5 万	90 万
期刊（明治时期至 2000 年期间发行的期刊）	0.9 万	78 万	45 万	123.5 万
古籍（贵重书、准贵重书②和江户时期以前的日中古籍）	7 万	2 万	—	9 万
博士论文（1991 年至 2000 年期间缴送）	1.5 万	11.5 万	1 万	14 万

---

①　NDL. 资料デジタル化について［EB/OL］.［2016 - 02 - 23］. http://www.ndl. go. jp/jp/aboutus/digitization/index. html.

②　贵重书和准贵重书的判定依据是《国立国会图书馆贵重书指定标准》和《国立国会图书馆准贵重书等指定标准》。

续表

资料类别	网上公开	馆际电子文献传递	仅限馆内阅览	合计
政府公报（1883 年 7 月 2 日创刊至 1952 年 4 月 30 日期间发行）	2 万	—	—	2 万
宪政资料（江户幕府时代末期至昭和时期的日本政治家、官僚、军人等收藏的部分书信、文件、日记）	300	—	—	300
同盟国军事占领日本时期相关资料（美国国家档案馆所藏的部分美国战略轰炸调查团文书和部分远东军文书）	3 万	—	0.1 万	3 万
Prange①文库（战后 GHQ② 出于出版物审查目的所收集的日本国内出版物中的部分图书）	—	—	2 万	2 万
历史音源（1900 至 1950 年期间日本国内制作的 SP 盘等音频资料）	0.1 万	—	4.8 万	5 万③
科教视频（科教片和纪录片胶卷的数字化转换资料）	—	—	300	300

---

① Gordon William Prange,1910—1980,美国历史学家。

② 联合国军最高司令官总司令部,英文是 General Headquarters,the Supreme Commander for the Allied Powers(GHQ/SCAP)。

③ 数据来源显示为该数字,精确数字为 48,732 件(2016 年 2 月 23 日)。

续表

资料类别	网上公开	馆际电子文献传递	仅限馆内阅览	合计
脚本(日本脚本数字存档推进联盟捐赠的 1980 年之前的广播脚本中的部分资料)	2	—	33	35
报纸(石卷日日新闻社在东日本大地震后发行的墙报)	6	—	—	6
合计(件/册)	49 万	141.5 万	58 万	248.5 万

2. 网络信息资源采集与保存项目"WARP"

WARP 项目(Web Archiving Project)的前身是 2002 年开始实施的"网络信息资源选择性存档实验项目",2006 年正式启动,2010 年更名为"国立国会图书馆网络信息资料采集保存项目",全面采集保存和整合发布所有公立机构以及部分私立机构和个人发布的网络信息资源。

根据《国立国会图书馆法》,WARP 采集的对象机构包括:国家机关、独立行政法人、国立大学法人、特殊法人、地方公共团体、地方公营企业以及国立、公立和私立大学。采集范围包括上述机构的网站、数据库、期刊,但涉密信息除外。对于私立大学等私有机构或个人的具有国际性、文化性的主题网站,在获得所有者许可的基础上进行选择性采集。截至 2015 年 10 月底,WARP 项目共实施采集 96 545 次,数据容量达到 632.9TB,文档保存总量约有 36 亿个①。目前,WARP 项目采集的专题数量已超过 1.1 万件。

---

① 国立国会図書館総務部総務課広報係. WARP で収集したウェブサイトが 1 万件を突破しました[R/OL]. [2016 – 02 – 24]. http://www. ndl. go. jp/c3pr90ntcsf0/jp/news/fy2015/__icsFiles/afieldfile/2015/11/25/pr151201. pdf.

表 3　WARP 专题统计(2016 年 2 月 2 日)①

专题	站点数量
国家机构	67
都道府县	50
政令指定城市	21
市町村	3258
市町村合并	1527
特别地方公共团体	843
法人、机构	2990
大学	630
政党	8
国际性、文化性活动	262
电子期刊	2006
其他	118
合计(个)	11 780

3. 联机文献

NDL 把通过缴送的方式而获取的网上电子图书和杂志定义为"联机文献",在馆藏中的地位等同于印刷体文献。一个来源是从 WARP 采集到的网络资源中,将其中的文献类资源单独抽取出来整合而成的数字资源,另一个来源是对民间(个人)在互联网上无偿发布的没有带 DRM 版权保护的具有特定代码(ISBN、ISSN、DOI)或采用特定文件格式(PDF、ePub、DAISY)的电子图书和电子期刊采集。目前,联机文献的数量已超过 27 万件。

---

① インターネット資料収集保存事業[DB/OL].[2016 - 02 - 02]. http://warp. da. ndl. go. jp/search/archivesearch/WE00-ToWE09.

表4　联机文献统计（2016年2月2日）[①]

专题	文件数量
国家机构	49 150
地方公共团体	96 912
特别地方公共团体	116
学术机构	47 815
独立行政法人	23 722
其他	54 203
合计（件）	271 918

4. 视障服务电子资源

从1975年至2015年3月，NDL共制作完成学术文献录音图书2990册件，其中，DAISY有声读物为878册件。NDL从2015年1月份开始，对公共图书馆等机构制作的DAISY有声书和点字数据文献进行采集，可通过NDL检索系统进行检索。

"盲文图书/录音图书全国综合目录"于1982年正式推出，通过整合、共享各所图书馆的自建馆藏资源，为读者开辟获取文献资源的快捷通道，让更多的视障人士可以高效便捷的利用国内制作的视障用户服务资源。截至2015年9月底，"盲文图书/录音图书全国综合目录"的成员馆达到239家，文献总量达到54万件。

NDL从2002年起全面开始了DAISY录音图书的制作，并将之前所有的录音磁带转换为DAISY格式。2014年1月，启动了视障用户服务资源的数据采集和电子文献传递服务，针对国内公共图书馆制作的DAISY有声读物及盲文图书资源进行全面采集。同年6月，与"Sapie图书馆"实现了系统的互联互通，共建共享服务模式可以帮助

---

① 国立国会図書館デジタルコレクション［DB/OL］. ［2016 - 02 - 02］. http://dl. ndl. go. jp/search/category? categoryTypeNo = 2&searchConditionParameter = &categoryGroupCode = C.

更多的视障用户利用电子文献传递服务。截至 2015 年 9 月底,35 家公共图书馆制作完成数据 3498 条,NDL 制作完成数据 1014 条,共计 4512 条。

5. 东日本大地震数字档案"雏菊"①

昵称为"雏菊"的东日本大地震数字档案项目是一个门户网站,以 2011 年 3 月 11 日发生的东日本大地震数字记录为主题,2013 年正式上线提供服务,可全面检索相关的声音图像资源和网络信息资源。"雏菊"的建设目的是为了保存东日本大地震的各类信息资源并传承后世,为灾区重建和今后的防灾减灾工作提供支撑。

该系统的采集对象多种多样,特点是除了地震灾害的详细资料之外,还包括个人及各种机构拍摄的海啸等内容的大量影像资料等。除了对核电站泄漏所造成的灾害情况信息进行采集之外,还对灾后重建工作、来自国内外的援助情况、志愿者活动信息等进行采集。

"雏菊"数据库来源于与东日本大地震相关的各种数据库,NDL 将各种数据进行统一规范处理形成档案资料、网络站点、照片、音视频和其他五类元数据,通过"雏菊"门户网站提供一站式检索和利用。截至 2016 年 1 月 8 日,为东日本大地震数字档案提供元数据的各类数据库有 55 个。

第二节　馆藏资源发展政策

一、整体方针与布局

NDL 的一大特点就是其规范化和制度化,主要体现在两个方面,一是法律、法规健全,二是方针、政策完备。

《国立国会图书馆法》为其立馆之本,是制定其他一切法规、政策

---

① NDL. ひなぎく東日本大震災アーカイブ[DB/OL]. [2016 – 02 – 05]. http://kn.ndl.go.jp.

的基石,在组织、管理、缴送制度和图书馆服务方面都制定了一系列的法规。其中,与资源建设紧密相关的缴送制度方面的法规包括:《基于国立国会图书馆法的出版物缴送章程》《国立国会图书馆法第 25 条第 1 项规定的封装型电子出版物最优版的确定标准及方法相关事项》《国立国会图书馆法第 25 条规定的出版物缴送补偿金相关事项》《基于国立国会图书馆法的网络信息资源存储相关章程》《国立国会图书馆法第 25 条之三第 1 项规定的网络信息资源等相关事项》《基于国立国会图书馆法的联机文献存储相关章程》《国立国会图书馆法第 25 条之四第 4 项规定的金额等相关事项》《国立国会图书馆国际交换出版物寄存规定》。①

NDL 于 2004 年制定了《国立国会图书馆愿景 2004》,2008 年又制定出《国立国会图书馆建馆 60 周年之际的愿景》,明确规划了 2008—2012 年度的工作目标。2012 年 7 月制定的《我们的使命与目标 2012—2016》对《国立国会图书馆法》中规定的任务和使命进行了具体阐述,揭示了 NDL 的中长期发展目标,确立了制定和实施具体战略措施的行动纲领,为业务工作人员提供了行动指南和工作指引,阐明了 NDL 的基本职能和重要使命:履行以出版物为中心的国内外文献收藏和保护的职责,成为知识与文化的基石;在协助国会活动的同时,为行政、司法及公众提供图书馆服务;为国民的创造性活动和民主主义的发展贡献力量。

2013 年 5 月制定的《我们的使命与目标 2012—2016》的六项具体目标是:

- 为国会立法等活动提供协助;
- 充实 NDL 的呈缴本制度,收藏、保护各种文献信息资源;
- 广泛开展各项活动促进馆内外文献信息资源的获取与利用;
- 积极加强与国内外的交流与合作促进以上目标的顺利实现;

---

① NDL. 国立国会図書館関係法規[EB/OL].[2016 – 02 – 05]. http://www.ndl. go. jp/jp/aboutus/laws/index. html.

● 构建东日本大地震数字存档系统；

● 建设高效透明的运行和管理机制，加强人才培养，建设完善图书馆建筑设施①②。

二、数字资源建设政策

在数字资源建设方面，NDL 制定了全面而完备的方针政策，以保证图书馆正确而具有前瞻性的发展道路。2002 年 10 月，关西馆开馆，标志着 NDL 电子图书馆事业的正式启动。

1. 数字资源建设政策发展的里程碑

（1）电子图书馆构想

1959 年 6 月，NDL 成立了藏书构成审议会，1971 年依据藏书构成审议会答复馆长咨询的报告制定了国立国会图书文献采访方针。1992 年 5 月，成立了收集企画委员会以替代藏书构成审议会。1993 年 6 月 1 日，公布了新的文献采访方针公布。1994 年，NDL 与情报处理振兴事业协会 IPA（现更名为"情报处理推进机构"）合作开展了"电子图书馆实证实验"项目，标志着数字图书馆建设事业的肇始。

1998 年 5 月公布的《国立国会图书馆电子图书馆构想》将该馆的电子图书馆定义为"图书馆借助于通信网络所提供的电子形式的一次信息（文献本身）、二次信息（文献相关信息）以及基于此目的的基础设施"，以"任何时间、任何人、任何地点"都可利用数字资源为目标。《电子图书馆构想》揭示了 NDL 数字图书馆建设的蓝图，全面阐述了该馆电子图书馆的性质、任务和发展目标，对于电子图书馆建设的技术问题、制度问题、系统构建和合作共建都进行了详细规定。还首次

---

① NDL.「私たちの使命？目標 2012—2016」及び「戦略的目標」[EB/OL].[2016－02－05]. http：//www. ndl. go. jp/jp/aboutus/mission2012. html#anchor1-1.

② NDL.「私たちの使命？目標 2012—2016」及び「戦略的目標」パンフレット [R/OL]. [2016－02－05]. http：//www. ndl. go. jp/jp/aboutus/pdf/mission2012-16_2. pdf.

提出,NDL 应对互联网上可获取的信息资源进行采集、保存和利用。

电子图书馆的藏书方针遵循以下原则:充分考虑中立性和公平性;准确应对读者需求性;确保文献的长期可访问性;尊重学术和文化价值;确保藏书的包容性和连贯性。

(2)国立国会图书馆电子图书馆中期计划 2004

《电子图书馆中期计划 2004》明确了 NDL 数字图书馆建设的两个目标:国家数字存档的重要阵地;信息导航日本全部数字资源的综合性网络站点①。

《中期规划 2004》还指出,NDL 有责任对日本网络上有消失危险的信息资源以知识单元为采集对象实施选择性的法定采集,并制定相关的选择、保存、管理、发布和利用标准。同年 12 月,缴送制度审议会在"网络电子出版物采集问答会"上提出,有必要建立强制性的网络信息资源缴送政策。

2. 数字资源建设采选方针

NDL 的文献采选方针制定于 1995 年,2009 年 7 月份进行的大幅修订增加了对电子信息资源的采访内容。2000 年 4 月 7 日修订的《国立国会图书馆法》将封装型电子出版物以及电影胶卷纳入呈缴范围,并就国家及地方公共团体的缴送数量进行了修改。《文献采选方针书(2013 年 7 月全面修订版)》共分为 4 章,第 3 章"电子信息"对数字资源采访的对象和范围进行了具体规定②。

(1)日文电子期刊主要采选参考咨询所需的文献以及纸介质和缩微制品利用率高的出版物,外文电子期刊主要采选学术出版社提供的具有较高学术研究价值的电子期刊和学术协会提供的电子期刊;采选

---

① NDL. 国立国会図書館電子図書館中期計画 2004(2004 年 2 月 17 日策定)[EB/OL].[2016 – 02 – 05]. http://www.ndl.go.jp/jp/aboutus/dlib/project/plan2004.html.

② NDL. 資料収集方針書(平成 25 年 7 月全部改正)[R/OL].[2016 – 02 – 05].http://www.ndl.go.jp/jp/aboutus/collection/pdf/housin.pdf.

具有代表性和利用范围广泛的报纸。

（2）文摘/索引数据主要采选在国会服务方面利用广泛的议会、法令、国际政治及国际机构信息；具有简报性和包容性的经济产业及企业信息；包容性较高的百科全书、人名词典、字典、图鉴、科技数据集等。

（3）实体型电子出版物的采选方面，在满足阅览、复印等条件的情况下，优先引进网络版；当不发行纸介质、难以获得纸介质或者电子版本更为快捷便利时，考虑采集实体型电子出版物，但原则上，音乐 CD 和 DVD 等音像资料不予采集；国内出版物主要采选书目、文摘、索引类等参考工具类，外文出版物主要采选书目、索引、字典、百科全书、数据集、统计、便览、杂志、法令集等。

（4）出于促进学术研究成果的公开和利用的目的，全面采集博士论文及研究成果报告书。2013 年 4 月，文部科学省颁布省令，对学位规定进行了修改，博士论文不再采用印刷型而是在互联网上公开提供电子版。为了执行新规定，NDL 构建了电子版博士论文缴送系统。采集方式有：学位授予机构通过 NDL 的缴送交付系统上传博士论文；NDL 对大学机构知识库中的博士论文进行自动采集。

第三节　馆藏资源数字化政策

一、馆藏资源数字化方针

2000 年 11 月，日本政府确立了"IT 基本战略"并制定了《高度信息通信网络社会形成基本法》（俗称"IT 基本法"）。2001 年 3 月，信息通信网络社会推进本部（俗称"IT 战略本部"）正式推出了国家信息化战略计划《e-Japan 战略重点计划》，目标是在 2005 年之前建设成为世界一流的 IT 国家，其中包含了致力于推进图书馆、博物馆和美术馆等机构的馆藏数字化加工和保存工作的措施。从 2000 年起，出于文献利用和保存的双重目的，NDL 开始对明治维新时期（1868—1912 年）

和大正时期(1912—1926 年)的图书进行数字化,同时处理相关的著作权问题。NDL 最早采用缩微技术对馆藏文献进行媒体转换,而自2009 年之后,媒体转换原则上采用数字化的方式。

2010 年 1 月实施的日本《著作权法》修订案规定,NDL 可出于保存的目的对馆藏文献进行数字化加工。为了顺利推进馆藏文献的数字化工作,NDL 于 2013 年 5 月制定了《国立国会图书馆文献数字化基本方针》和《文献数字化基本计划(2013 年度至 2015 年度)》,对开展馆藏资源数字化工作的对象、方法等进行了规定①。

1. 馆藏资源数字化的目的

NDL 肩负着广泛收集和保存日本丰富的文化遗产并留存后世,与相关机构携手共建社会型知识文化阵地为人们的创造性工作贡献力量的重要职责。为了更好履行职责使命,NDL 对馆藏文献开展数字化加工,除了有利于馆藏文献原件的保护,还可以为包含残障人群在内的所有人提供更加便捷的文献检索和利用渠道,同时,通过与相关机构的有效合作构建知识文化阵地。馆藏资源数字化的目的有两点:

(1)文献保护

传统纸质文献、损伤老化现象严重以及有可能出现严重老化损伤的文献,通过数字化媒体转化制作替代品,可以起到一定的修复和补偿作用,还可以解决纸张脆化或变质文献的保护问题。

(2)数字图书馆服务

数字化可以有效提高馆藏文献的利用率,完成著作权处理的数字化资料发布到互联网上,读者可在任何地方都能够享受到与到馆读者相同的服务。

2. 文献数字化加工的对象范围

数字化加工的对象主要是日本国内出版物,主要以 1980 年之前

① NDL. 国立国会図書館の資料デジタル化に係る基本方針(平成 25 年 5月 27 日策定)[R/OL].[2016－02－05]. http://www.ndl.go.jp/jp/aboutus/digitization/digitization_policy.pdf.

出版的图书为中心;外国出版物仅限于稀缺文献以及历史价值高的日本学文献。

3. 数字化文献的选定

选定数字化加工文献的评价要素有:

- 唯一性和稀缺性;
- 文献的老化情况和保存的紧急性;
- 扩大文献的利用机会;
- 数字化的社会需求;
- 为全国乃至全球范围内的数字资源建设所做的贡献。

4. 数字化的方法

制作成图像数据,目录信息单独进行文本数据化,为检索提供方便。数字化的方法会根据具体情况酌情进行改动。此外,为了更好地向视障人士提供文献服务以及进一步提高二战前议会会议录的利用率,开展文本数字化实证实验,计划分阶段提供服务。

5. 数字化文献加工成果的利用

馆藏资源数字化成果是日本文化遗产的一部分,促进整个社会对信息资源的开发和利用。在数字化成果的利用方面,特别关注著作权处理等问题,获取社会各界的理解与支持。

二、馆藏资源数字化的内容

2009 年,日本政府财政拨款 127 亿日元用于 NDL 的馆藏资料数字化建设,大规模数字化加工项目于 2011 年 3 月底完工,数字化馆藏文献总量约为 95 万册,数字化馆藏文献资源总量达到 210 万册左右。2010 年年底之前入藏的文献,约四分之一完成了数字化处理。其中,日文图书部分完成了约 20%。数字化文献均可在馆内进行阅览,数字文献完成著作权处理之后,陆续发布到网上供读者使用。

表 4　馆藏资源数字化工作发展历程①

时间	工作内容
1998 年 6 月	"数字化贵重书展"上线
2000 年 3 月	"贵重书图像数据库"上线
2000 年 12 月	开始著作权处理
2001 年 6 月	明治时期图书开始实施数字化
2002 年 10 月	"近代数字图书馆"上线
2003 年 4 月	"儿童书数字图书馆"上线
2005 年 10 月	大正时期图书开始实施数字化
2010 年 1 月	昭和前期图书、期刊、政府公报和博士论文等文献开始实施数字化
2011 年 2 月	"儿童书数字图书馆"整合并入"近代数字图书馆"
2011 年 4 月	"国立国会图书馆数字化文献"上线； "贵重书图像数据库"整合并入"国立国会图书馆数字化文献"
2011 年 5 月	"历史音源"上线
2012 年 1 月	向公共图书馆等机构提供历史音源
2014 年 1 月	向其他图书馆提供数字化文献电子传递服务； "国立国会图书馆数字化文献"更名为"国立国会图书馆数字特藏"

三、古籍资料数字化政策

　　NDL 藏有 30 万册左右的善本古籍,主要为江户时期(1600—1868年)之前的日文古籍和清朝之前的中文古籍,此外,还包括部分西文古籍和明治时期之后的日本近代古籍。1994 年开始实施的"电子图书馆实证实验工程"对 7200 张江户时期浮世绘、古地图进行了数字化加

———————————

① 　NDL. インターネットを通じて資料の宝庫へ[R/OL]. [2016－02－05]. http://www.ndl.go.jp/jp/aboutus/dlib/project/pdf/digitized_contents.pdf.

工,古籍文献的数字化扫描工作全部交给外包公司完成,图像数据格式采用 JPEG,色彩为 24 位真彩色,分辨率为 400DPI。

古籍资料的数字化政策依据主要是《古籍数字化实施计划(2013年修订)》,古籍数字化加工对象的优先顺序依次为贵重书和准贵重书、贵重书和准贵重书之外的古籍、西文古籍、电子展览会,对原件进行彩色摄影。2000 年 3 月,"贵重书画像数据库"正式向公众开放,数字化资源主要以江户时期的日文古籍为主,也包括部分中文古籍。

四、音像资料数字化政策

《文献数字化基本计划》首次明确将模拟音像资料列为数字化转换对象。针对数量众多且出版时间较为久远的录音资料,2014 年 5月,NDL 成立了"录音资料数字化及利用相关人士协议会"。2014 年11 月底,多方就数字化资源的具体利用方式等基本问题达成共识,数字化资源仅在国立国会图书馆内提供服务,不得向其他图书馆提供电子文献传递服务。

2014 年年底,NDL 的 2015—2017 年度录音资料数字化实施计划方案正式出台。该方案明确了数字化工作的优先次序,充分考虑到了存储介质的老化情况和播放设备的获取困难性等诸多因素。此外,还明确了数字化工作的方向性:

- 尽量推进盒式录音带和薄膜唱片的数字化转换工作;
- 探索性开展 SP 唱片的数字化转换工作;
- 根据实际需求,调整 EP/LP 唱片配套印刷资料的数字化工作实施日期。

除此之外,在影像资料的数字化方面,2015 年成立了"影像资料数字化及利用相关者协议会",目前各方正在进行磋商。2013 年,NDL接受了"日本脚本存档促进联盟"捐赠的 27 219 册广播电视节目台本和脚本,还与该机构联合开展了脚本数字化加工项目,数字化脚本资源于 2015 年 3 月开始提供服务。

五、视障用户服务数字资源建设政策

2009 年 7 月,日本政府 IT 战略本部推出了中长期信息技术发展战略《i-Japan 战略 2015》①,旨在构建一个以人为本并充满活力的数字化社会,明确提出了努力为残疾人提供适用的信息无障碍设施②。2009 年 6 月修订的日本《著作权法》第 37 条第 3 项规定,NDL 和公共图书馆拥有与盲文图书馆等机构相同的权利,可以不经著作权人许可,制作有声读物并向公众提供资源共享。第 37 条第 3 项规定,除公共图书馆和盲文图书馆之外,大学图书馆以及文化厅长官个别指定的机构团体等在未征得著作权人许可的情况下,也有权制作视障文献资源。

NDL 在《我们的使命与目标 2012—2016》中第 3 条"信息获取"中指出,应建设和完善无差别的无障碍阅读环境。随着数字图书馆建设的发展,2011 年制定了《视障人士服务实施计划》,于 2011 年至 2013 年期间实施了提供视障用户服务资源的整合检索服务、采集适合视障人群需求的电子资源并提供文献传递服务等各项措施。2014 年 3 月,制订了《视障人士服务实施计划 2014—2016》。目前,仅针对公共图书馆的有声 DAISY 数据和盲文点字数据实施资源采集,今后计划考虑将多媒体 DAISY 数据和文本 DAISY 数据纳入采集范围,采集对象也将扩大到大学图书馆等其他制作机构。

---

① "i"在此处的含义是"inclusion(包括)"与"innovation(改革)"。

② IT 战略本部. i-Japan 战略 2015:国民主役の「デジタル安心・活力社会」の実现を目指して[R/OL]. [2016 - 02 - 23]. https://www.kantei.go.jp/jp/singi/it2/kettei/090706honbun.pdf.

第四节　网络信息资源制度化采集政策

一、制度化采集政策的制定与完善

2002 年 2 月，WARP 项目正式启动，NDL 在取得授权许可的情况下，对日本互联网发布的法律政策和学术信息资源进行选择性采集，3 月召开的缴送制度审议会上确定了信息发布人的义务及采集的范围和方法。私人发布的联机文献必须向 NDL 进行义务缴送，NDL 则对缴送所产生的必要费用予以补偿。

2004 年 2 月颁布的《国立国会图书馆电子图书馆中期规划 2004》中明确指出，NDL 有责任对日本网络上有消失危险的信息资源以知识单元为采集对象实施选择性的法定采集，并制定相关的选择、保存、管理、发布和利用标准。

2009 年，日本《著作权法》进行了重新修订，新增的第 42 条 4 款规定，NDL 有权对网络信息资源进行采集和复制保存。2009 年 7 月 11 日修订的《国立国会图书馆法》第 25 条 3 款第 3 项规定，在为国会及国家政务审议提供信息服务的目的之下，NDL 有权对国家政府机构及地方公共团体等公共机构所发布的互联网信息资源进行全面采集，但采集对象原则上仅限于本国产生且对公众提供开放获取的互联网资源。

NDL 在呈缴本制度审议会 2010 年 6 月答复的基础之上，对联机文献的采集立法问题展开了一系列讨论。2012 年 6 月 22 日，《国立国会图书馆法》再次进行了修订，从 2013 年 7 月 1 日开始对民间无偿发布的联机文献实施制度化采集。新增的第 25 条 4 款明确规定，NDL 可依据缴送制度对民间联机文献进行采集和保存，缴送对象限定为民间出版社和个人在互联网上免费发布的没有 DRM（Digital Right Management，数字版权管理）保护的电子图书、杂志。附则第 2 条规定，收费以及有 DRM 保护的联机文献暂时免予缴送义务。

二、制度化采集政策的具体内容

1. 法定采集对象的界定

日本纳入缴送范围的网络出版物分为网页站点资源和联机文献两类,联机文献又分为公共机构出版发行的资源和民间出版发行的资源两种。

2010 年 1 月 22 日公布的《国立国会图书馆法第 25 条 3 款第 3 项互联网资源等相关事项》规定,公共机构出版发行的联机文献分为 17 类:①年鉴、要览及职员名册;②业务报告;③预算、决算书;④统计资料;⑤政府公报、法令、规章和判例集;⑥法律讲解书;⑦目录、书目类;⑧议会资料;⑨基本计划书;⑩政策评价书;⑪财务报表;⑫调查报告书;⑬学术期刊类;⑭宣传资料;⑮报告会、展览会资料等;⑯审议会资料等;⑰与以上各类等同的出版物。

民间出版发行的联机文献仅限于 2013 年 7 月 1 日之前出版发行的资料,而且必须至少满足下面两个条件之一:具有 ISBN、ISSN 或者 DOI 编码;采用 PDF、ePub 或者 DAISY 文件格式。具体类别包括:年报、年鉴、要览、机关报、宣传册、纪要、论文集、期刊论文、调查及研究报告书、学会通讯、业务通讯、学会要览集、业务报告、专利公告、CSR 报告书、公司发展史、统计书,以及等同于图书期刊的其他各种出版物。有偿或有 DRM(数字版权管理)限制的联机文献暂时免予缴送义务。

2. 缴送细则

《国立国会图书馆法》第 24 条规定,国家机构缴送义务人包括国家行政机构、独立行政法人、国立大学法人、特殊法人等。第 24 条 2 款规定,地方公共机构缴送义务人包括地方公共团体、地方公营企业等。民间网络出版物的缴送义务人限定为在互联网上提供资源公共利用的出版者或发布者。

日本网络出版物的缴送以主动采集为主,通知缴送为辅。缴送途径有自动采集、通过缴送交付系统传送和邮寄 DVD-R 存储光盘 3 种方式。公共机构网站资源的缴送方式基本采用主动采集的方式。民间联机文献的缴送方式则比较复杂。

三、电子图书和电子期刊采集实证实验项目

为了探讨对日本国内出版的收费电子书进行制度化采集、保存的政策策略,NDL 于 2015 年 12 月 1 日着手实施了"电子图书和电子期刊收集实证实验项目",有以下两个目的:

(1)检验电子书采集和长期保存利用的技术可行性;

(2)调查分析在 NDL 馆内提供电子书阅览对电子书市场造成的影响和缴纳电子书的所需的费用。

该项目计划分两个阶段进行,第一阶段的工作内容是在馆内向读者提供日本电子书籍出版社协会通过互联网发送的电子图书和电子期刊加密数据的试用服务,计划在三年以内完成,第二阶段在前一阶段的成果基础之上,对加密电子书数据进行保存和利用方面的实验。

第五节　　国内外合作项目

一、国内合作

1. NDL Search

NDL Search 为用户提供日本全部图书馆资源的一站式检索和信息获取服务,是日本国内各图书馆、档案馆、博物馆、美术馆、学术研究机构的目录数据库和数字资源以及残疾人视听资料的资源整合和统一检索平台。NDL Search 支持与中文等各语种间的互查互译,能够为用户提供日本全部图书馆资源的一站式检索和信息获取服务。截至 2014 年 10 月,NDL Search 可检索的馆内外数据库数量为 100 个,数据

总量约 8100 万件①。

2. 电子文献信息传递服务

NDL 在 2009—2010 年度开展了大规模的文献数字化工程,对 200 多万件文献进行了数字化加工,但大部分的数字化文献都只仅限在 NDL 内阅览利用。根据 2012 年新修订的法律规定,在著作权保护期内的文献,如果为绝版文献,则可以经由 NDL 数字馆藏系统向国内的公共图书馆和大学图书馆等机构进行文献信息传递,并提供阅览和复印等服务。"面向图书馆的电子文献信息传递服务"自 2014 年 1 月开始实施,截止到 11 月,共向 388 家图书馆提供了该项服务。截止到 2014 年 11 月,可利用的数字化馆藏文献总量达到 246 万 5000 件。

3. DOI 注册

2012 年 5 月,NDL 与科学技术振兴机构 JST、物质材料研究机构以及国立情报学研究所签订了 JaLC 项目运营备忘录。JaLC 是数字对象唯一标识符 DOI(Digital Object Identifier)在日本的代理注册机构,NDL 也对数字化文献的 DOI 的注册。

4. 非书资料

2011 年 5 月,NDL 与文化厅缔结了《切实做好我国珍贵资料传承的相关协定》,针对广播电视节目剧本脚本、乐谱手稿等音乐资源、动漫游戏等媒体艺术,在馆藏和书目信息数据库建设以及采集、保存和利用方面开展广泛合作。目前,正在对其中的部分广播节目脚本进行数字化加工。

二、国际合作

1. "世界数字图书馆"项目

NDL 向"世界数字图书馆"(World Digital Library,WDL)项目提供古籍数字化图像 75 件。

---

① NDL. 国立国会図書館電子情報サービス(パンフレット)[R/OL].[2016 - 02 - 05]. http://www. ndl. go. jp/jp/aboutus/dlib/project/pdf/dlservice_jp. pdf.

2. 国际互联网保存联盟

2008 年加入"国际互联网保存联盟"（International Internet Preservation Consortium，IIPC）。

3. 中日韩数字图书馆项目

2010 年 8 月，中日韩三国国家图书馆共同启动了"中日韩数字图书馆项目"（China-Japan-Korea Digital Library Initiative，CJKDLI），已举行了五次业务交流会议，目前致力于推进"中日韩数字图书馆资源库"和"CJKDLI 门户试点网站"的资源共建和元数据交换。

4. 亚太地区国家图书馆长会议

NDL 是加入亚太地区国家图书馆馆长（Conference of Directors of National Libraries in Asia and Oceania，CDNLAO），主要负责 CDNLAO 网站运营及通讯的编辑发行，同时还担任网页存储方面的干事国。

除此之外，NDL 还是国际图联保存保护中心核心项目（IFLA/PAC）亚洲地区中心，经常举办数字图书馆服务讲座和国际研讨会。

第四章　德国国家图书馆

第一节　德国国家图书馆概况

一、馆情综述

德国国家图书馆是一个具有法律行为能力、独立于各联邦州的机构,每年从德国文化与媒体国务部长预算里获得约 4600 万欧元的经费①。

德国国家图书馆以全面收藏、永久保存重要的德语文献,并制作书目,供公众使用为己任,收藏对象包括 1913 年以后出版的德国和德语出版物、在国外出版的日耳曼学出版物和德语作品的翻译出版物以及德语移民在 1933 到 1945 年间出版的作品。德国国家图书馆在全国和国际层面都保持合作关系,领导国内行业规章制度与标准化的工作,参与国际标准的制定并起到决定性的作用。

从历史上看,德国国家图书馆拥有多个分支机构:1912 年德国图书馆(Deutsche Bücherei)在莱比锡建立,1946 年建立法兰克福德国图书馆,1970 年起位于柏林的德国音乐档案馆成为德国国家图书馆的一部分,并于 2010 年 12 月迁往莱比锡。莱比锡分馆专门负责音乐文献和音乐制品的加工和编目标引。随着东西德的统一,这些分支机构最

---

① DIE DEUTSCHE NATIONALBIBLIOTHEK IM ÜBERBLICK [EB/OL].[2015 – 07 – 28]. http://www.dnb.de/DE/Wir/wir_node.html.

终合并成为一个机构。2006 年《德国图书馆法》①正式为其确立了"德国国家图书馆"的统一名称,并赋予其新的法定职责。

现在的德国国家图书馆在莱比锡和法兰克福两地分别保存和利用其文献资源,并分别承担各自的侧重职能。莱比锡分馆拥有 1933—1945 流亡文学专藏,并设有德国图书文字博物馆、德国音乐档案馆和安妮·弗兰克浩劫图书馆(Anne-Frank-Shoah-Bibliothek)。法兰克福分馆则负责信息和通信技术,包括建立和管理中央数据库,以及国家书目的编制和相关服务等。此外,法兰克福也设有一个 1933—1945 德国流亡文献档案馆,其馆藏跟莱比锡的流亡文学专藏一起构成德国国家图书馆的流亡文献专藏,后者的藏品可以通过莱比锡的浩劫图书馆访问获得。

德国国家图书馆的数字资源建设,以《国家图书馆法》和《义务呈缴条例》②为一切规划的基础和前提,对数字资源的收藏任务和呈缴义务有明确的规定。在这两部法律法规中,分别使用"非实体文献"和"网络出版物"作为对同一个概念进行描述,意指以非实体形式供公众使用的所有文字、图像和声音资源,包括在线出版物、网页以及电子书、电子期刊、电子报纸、音频文件等电子资源,区别于中文的"网络文献""电子资源"等概念。因此本文使用"数字资源"一词来统称这种"非实体形式的网络出版物",与"非实体文献"和"网络出版物"两个概念同义。

截至 2014 年年底,德国国家图书馆拥有总馆藏共计 29 723 899 件,其中包括电子书、电子期刊、学位论文、音乐资源和网页在内的数

---

① Gesetz über die Deutsche Nationalbibliothek(DNBG)[EB/OL]. Bundesministerium der Justiz und für Verbraucherschuz, 20060622. [2015 – 08 – 01]. http://www. gesetze-im-internet. de/dnbg/BJNR133800006. html.

② Verordnung über die Pflichtablieferung von Medienwerken an die Deutsche Nationalbibliothek(Pflichtablieferungsverordnung-PflAV)[EB/OL]. Bundesministerium der Justiz und für Verbraucherschuz, 20081017. [2015 – 08 – 01]. http://www. gesetze-im-internet. de/pflav/BJNR201300008. html.

字资源共计 1 549 857 件①。

二、法定收藏任务

《国家图书馆法》2006 年 6 月 22 日颁布,在对德国国家图书馆的使命任务进行规定的时候,明确了作为其收藏对象的文献范畴,既包括实体文献,也包括数字资源这种"非实体文献",有关后者的含义前文已表述,不再重复。

据此,包括数字资源在内的文献采访工作始终应以《国家图书馆法》第 2 条的规定为使命任务:

* 搜集原版的 1913 年起在德国出版的文献;及 1913 年起在国外出版的德语文献、德语文献的外文译本和关于德国的外文文献,并进行编目和长久保存,确保其可利用性,提供图书馆员核心服务,履行编制国家书目的职责;

* 促进"1933—1945 德国流亡作家档案馆""安妮·弗兰克浩劫图书馆"以及"德国图书文字博物馆"的发展;

* 与国内外专业机构合作,在全国和国际性专业组织中发挥作用。

《国家图书馆法》第 3 条则规定了文献的对象范畴,其中涉及数据资源的具体条例内容是:

* 文献包括所有实体形式传播或在公共网络上以非实体形式供访问的文字、图像和声音的各种表现形式;

* 非实体形式的文献包括公共网络上的所有表现形式;

* 不以音乐为前景的电影资源以及仅通过无线电广播的节目不适用于本法规定。

---

① Jahresbericht 2014[EB/OL].[2015 - 12 - 02]. http://nbn-resolving. de/urn:nbn:de:101-2015043010.

三、数字资源呈缴义务

德国《义务呈缴条例》于 2008 年 10 月 17 日开始生效,除明文表示数字资源已列入义务呈缴对象之外,还在第 7、8、9 条分别对数字资源的缴送范围、版本和技术限制以及其他限制做出了规定。

第 7 条规定缴送的数字资源需以市场常见样式提交并能以市场常见方式使用,特别指出的是所有虽非市场常见,但能辅助被缴送数字资源供使用的工具也属于被缴送对象。这样就保证了德国国家图书馆履行其除收藏职责之外的长期保存和利用方面的法定任务。

第 8 条规定图书馆在被缴送资源同时或先后以其他技术样式出现的时候,以及技术手段无法或难以实现收集和保存的时候,可以放弃接受缴送;在用于收集的自动化技术无法或难以剔除此类可免除缴送的资源时,图书馆可以放弃对这类资源的保存。定期更新的数字资源的缴送范围和频次由图书馆进行规定。

第 9 条规定了包括本条例第 4 条已述及的不予呈缴内容、仅服务于个人目的的网页、最终版可再次通过网络获取的临时非实体版或演示版数字资源、独立发布的操作系统、应用程序和应用工具等、非第三方出版的存货目录、非第三方出版的伴随广播电视发行的数字资源、原版已呈缴且内容无任何变更的数字资源、基于网络的无主题或人物索引的交流、讨论和信息工具、无网络归档的电子邮件通讯、私人群体内使用的数字资源、独立发布的一手数据、研究数据和原始数据等共10 种不予呈缴的情况。

第二节　数字资源采访方针

自采访、收藏行为开始之初,德国国家图书馆就制定了具体的工作方针详细划分其采访范围。采访方针对采访工作进行了各种差异化的限定,是对法定采访职责的详细解释和说明。随着出版量的不断增长和数字出版物的异军突起,以前的采访方针已显出明显的局限性。因此,德国国家图书馆对其采访方针做出了及时的调整和补充,于 2014 年 5 月在其官方网页上公布了最新的《采访方针》[1]。

一、采集方式

根据采集对象的性质和连接、获取方式不同,数字资源的采集方式分为"单个对象采集"(Einzelobjektbezogene Sammlung)和"网页收割"(Webharvesting)两种。

"单个对象采集"是指不同的资源通过不同的接口界面来进行交付,媒体作品在跟国家图书馆协商后,也可以这样交付。这种情况下,系统平台就可以作为被缴送品的数据源来使用。这种采集方式特别适合那种已完结或还未完结的连续性数字资源。在线论文的采集案例用的就是这种方式。

德国境内可公开访问的网页也是国家图书馆的采集对象之一。2012 年起,德国国家图书馆开始有选择地收藏网页资源,这一采集过程由服务公司通过"网页收割"的自动程序来实现。它会按照既定目标采集有选择性地"收割"到的网页,选择的标准不是看网页的形式,而是要求网页内容关系大众利益。因为这些网页通常会定期更新内容,所以需要周期性地重复"收割"并区分不同版本。网址、采集深度和采集频率由人为设置,实际采集过程据此自动进行。此过程其实是通过"网络爬虫"扫描并采集事先定义的网址来实现的,因此也叫"网络爬虫采集"。这种采集方式比较适合公开访问的网页、论坛、博客等网络文献。

二、采选标准

公众可公开访问且关系大众利益的科学性、专业性和文学性数字

①　Elisabeth Niggemann. Vorwort. Sammelrichtlinien[EB/OL]. Deutsche Nationalbibliothek,20140501. [2015 – 10 – 22]. http://d-nb. info/1051940788/34.

资源属于采访的对象。资源类型涉及电子书、电子期刊、电子报纸、音频文件和数字化资源等。仅服务于私人目的的网页和产品则不属于被采集对象,例如旅行照片、家人日记、私人简历、婚礼网页、交友平台、无主题的互助空间、即时通讯服务或社交媒体服务如 Xing、Twitter 等。另外还要加上《义务呈缴条例》提到的没有呈缴义务,因而不被呈缴的数字资源:独立发布的一手数据、研究数据和原始数据。

针对数字资源采访任务的实际执行,《采访方针》按不同文献类型进行了详细规定,尽管有些规定与当前实际工作不一致,但各项采访工作应以此为目标逐步实现。

三、各类型数字资源采访条例

1. 电影资料

不予采集:

● 电影作品(故事片、纪录片等)或不以音乐为前景的视频剪辑;

需要采集:

● 以音乐为前景的电影作品(《德国图书馆法》第 3 条第 4 款),如音乐会录音、音乐视频短片、从音乐戏剧转化成的电影以及歌剧、轻歌剧、流行音乐剧的改编作品等。

2. 广播节目

不予采集:

● 包括电子节目指南在内的通过地面网络、宽带有线电视网、卫星、电信网络以及新型有线平台以模拟或数字信号传播的广播节目;

● 图文节目、电视购物等电视传媒;

需要采集:

● 在二次利用过程中作为独立编辑而成的作品可以完整或部分以分集、声音和/或图像的形式再次提供的广播节目。

3. 音乐、音频文件

从 2011 年年中开始,以 PDF 数字形式保存的音乐资料开始得到采集,且可以通过网页形式呈缴。音乐领域内的音频文件主要根据对象进行采集,即与合作伙伴或音乐产业集成商进行合作,且尽可能地建立在现有的销售渠道上。在实体录音媒体领域通过考验的合作关系可以进而扩展,比如通过建立连接音乐平台的接口。该项采集任务不仅包括平行出版物(如 CD 和在线音频),也包括新的纯("原生数字化的")数字资源。运用这种采集方式的音频文件需要达到与 CD 品质相当的优质水平(WAV 质量和类似格式)[①]。

不予采集:

- 分销平台,如 iTunes、Musicload;
- 网络广播、播客、作为已发表作品衍生物的音乐点播;

需要采集:

- 在互联网上发布的或者作为播客可以访问的声频文件;
- 音乐资料(乐谱)。

4. 地方政府数字资源

不予采集:

- 区、乡镇以及乡镇协会的网页;

需要采集:

- 只有联邦和各州官方内容的在线出版物;
- 区、乡镇或者乡镇协会的在线出版物,各州和联邦不是只有官方内容,也含有或都是文化信息、历史和专业等内容的在线出版物(例如历史介绍、关于城市旅游的文选、城市或地区名人的传记等);
- 联邦和各州的网页。

5. 商务在线出版物

不予采集:

- 商务在线出版物:仅仅出于商业、贸易或企业内部交流目的的,或者用于私人业务关系的,如:

---

① Musik. EINFüHRUNG UND SAMMLUNG[EB/OL]. Deutsche Nationalbibliothek,20150215.[2015 - 12 - 31]. http://www. dnb. de/DE/Netzpublikationen/netzpublikationen_node. html#doc215582bodyText1.

　　—公司网页；

　　—销售产品目录；

　　—使用手册；

　　—操作指南。

- 主要涉及当前信息的在线出版物,如：

　　—时刻表、计划表；

　　—通知公告；

　　—戏剧、音乐会、文艺演出节目单；

　　—天气预报；

　　—交通拥堵预告。

- 作为查询工具的在线出版物,如：

　　—存货清单；

　　—图书馆目录；

　　—图书贸易目录；

　　—检索工具；

　　—元数据索引；

　　—仓库目录或类似。

- 仅供内部使用的数字资源,包括各行政机关(如弗伦斯堡的交通犯罪数据、发给师生员工的大学校内出版物等)和公司(内联网和内部交流资料如内部电话簿)；

- 联合会、协会、俱乐部等机构的供其成员完成任务或达到要求所需的出版物,如注册资料、工作职务等；

- 网络上纯公关活动的文献资源；

- 仅服务于个人目的或仅供某私人范围内使用的个人网络文献,如旅游照片、家人日记、私人简历、交友平台、互动服务(博客、论坛、邮件列表等)、即时通讯服务等；

- 无共同的主题或人物关联的网络文献资源；

- 无网络存档的电子邮件通讯。

　　需要采集：

- 由公司出版的受到大众关注的在线出版物；
- 超越了纯工作指南范畴而具有手册性质的电子化说明；
- 各行政机关和公司面向公众发布的出版物；
- 对普通公民开放且没有特殊任务和要求的联合会、协会、俱乐部等机构的出版物，如 ADAC 德国汽车俱乐部协会、宗教团体等类似组织；
- 联邦和各州层面的党派、工会的网络出版物；
- 描述机构或公共联合会、协会等组织历史的文献；
- 具有主题或人物关联的数字资源，例如：

　　—公共生活中名人创作的或关于此类人的网络出版物，特别是政治家、演员、音乐家、作家、画家、科学家、政论家、新闻工作者等。

- 有长期网络存档的电子邮件通讯。

6. 在线学习资源

不予采集：

- 只在某个教育机构内部可以访问的在线学习页面；

需要采集：

- 可公开访问的在线学习页面。

7. 操作系统、应用程序、应用工具

不予采集：

- 市场普遍流行的、没有特别之处的硬件和软件；
- 独立发布的操作系统和类似操作系统的程序，如 Windows、Linux 等；
- 独立发布的应用程序，如文本编辑软件、电子表格软件等；
- 独立发布的用于某一特定互联网服务的应用工具，如浏览器、阅读器等。

需要采集：

- 以实体或电子形式可识别为呈缴对象的所有元素、软件和工具，即使其本身并未列入呈缴对象。这一条适用于那些市场上不常见的网络工具，特别是在网络出版物的传播和利用过程中起到辅助作用,《义务呈缴条例》第 7 条明确提到的此类工具。

- 专门为需要呈缴的网络出版物设计,在应用和运行中必不可少的应用程序和应用工具;
- 教学和练习程序。

8. 数字化资源

按照法律规定,"在公共网络上以非实体形式供访问的文字、图像和声音的各种表现形式"也包括传统印刷型出版物的公开在网络上的数字化形式,也具有呈缴义务。因此,呈缴法规涉及的所有德国图书馆、档案馆以及其他所有依法将其馆藏的数字化形式在网络上公开的机构,也应该像出版社数字化其旧版书一样,履行呈缴义务。即使是那些原版不具有呈缴义务的数字化文献,也同样——类似重印版——需呈缴其数字化版本①。

不予采集:

- 非可公开访问的网络上的数字化文献;
- 不以音乐为前景的电影的数字化版本。

需要采集:

- 具有呈缴义务的、可公开访问的数字化文献。

9. 并行出现的在线出版物

不予采集:

- 临时出现的实体和非实体文献的非实体性的预先版本和演示版本,只要在最终版本出版后还可以通过网络再次获得(根据《义务呈缴条例》第 9 条);
- 服务于通知或广告的预先版或演示版,用于广告目的的资源片段;
- 同时出现的多个在形式、内容或功能方面都无区别的在线出

① Digitalisate. EINFÜHRUNG UND SAMMLUNG[EB/OL]. Deutsche National-bibliothek,20151202. [2015 – 12 – 31]. http://www. dnb. de/DE/Netzpublikationen/netzpublikationen_node. html#doc215582bodyText1.

版物。

需要采集：

- 额外作为网络最终版出现的预印本；
- 同时出版的内容或形式并不完全一致的数字资源；
- 功能不同的多个同时出版的数字资源中，优先选择最适合存档保存的版本，其次选择功能最全面的版本；
- 与某实体文献并行出版的网络出版物。

四、长期采集项目

1. 电子报纸

2009 年 12 月，"电子报纸项目"启动，一套覆盖印刷版日报的电子版采集、加工、交付和存档全流程的工作程序研发上线并投入使用。截至 2010 年年底，期间共采集到 1170 种电子报纸。其目录可在德国国家图书馆的官方网页上查阅，报纸内容具有 8 天的延迟性，读者可以到莱比锡和法兰克福的馆舍来阅读详细内容。德国国家图书馆自 20 世纪 60 年代起开始普遍运用缩微拍摄技术保存报纸内容。由于电子报纸采集流程稳定，技术质量高，2011 年德国国家图书馆开始逐渐用电子报纸采集技术替代缩微拍摄技术保存日报内容。2015 年还保留缩微拍摄报纸 49 种，大大少于最初的 447 种。

目前，每天通过报纸出版社的服务商采集电子日报 1202 种（占全德日报总量 1500 种的大多数），以 PDF/Archive 格式（电子文件保存国际标准格式）长期保存，并纳入馆藏目录和存档系统。2015 年 1 月，共有约 875 000 份报纸合计 2900 万页的内容供读者浏览，平均每月新增报纸约 3 万份共计 120 万页①。

---

① TAGESZEITUNGEN DIGITAL：DIE E-PAPER-SAMMLUNG［EB/OL］. Deutsche Nationalbibliothek，20150825.［2015 – 12 – 31］. http：//www. dnb. de/DE/Netzpublikationen/ePaper. html.

2. 在线论文

德国国家图书馆自 1998 年起开始收藏在线学位论文和博士论文,2011 年起开始通过网上标准缴送接口向德国国家图书馆提交论文。通过不断升级的技术系统①,除了可以采集学位论文,采集高校服务器上的其他出版物也成为可能。

通过与各大高校、高校图书馆、高校计算中心等机构的紧密合作,在线论文的采集工作才得以不断拓展。以 2000 年为例,在全德出版的所有在线学位论文中,有 13% 缴送给了德国国家图书馆。此后,缴送比例节节攀升,至 2007 年已上升至 40%。截至 2012 年 2 月 18 日,馆藏电子论文共 113 217 种②。

为了让这部分资源在国际上可见,德国在线论文的元数据还持续上传至"欧洲在线论文门户"③④。

第三节 数字资源长期保存计划

一、挑战与责任

数字资源的长期保存正面临巨大的挑战,一方面要确保存储数据

---

① XMetaDissPlus[EB/OL]. Deutsche Nationalbibliothek, 20120221. [2015 – 12 – 31]. http://www. dnb. de/DE/Standardisierung/Metadaten/xMetadissPlus. html.

② ANGABEN ZUR STATISTIK [EB/OL]. Deutsche Nationalbibliothek, 20120727. [2015 – 12 – 31]. http://www. dnb. de/DE/Wir/Kooperation/dissonline/dissonlineStatistik. html.

③ DART, das europäische Portal für Online-Dissertationen[EB/OL]. [2015 – 12 – 31]. http://www. dart-europe. eu/basic-search. php.

④ DISSONLINE UND ONLINE-DISSERTATIONEN AN DER DEUTSCHEN NATIONALBIBLIOTHEK[EB/OL]. Deutsche Nationalbibliothek, 20150429. [2015 – 12 – 31]. http://www. dnb. de/DE/Wir/Kooperation/dissonline/dissonline_node. html.

的安全性,另一方面还要保证其长期可利用性。后者主要指的是数字化数据的内容可以经过解读再获得。技术的进步使得数字领域的软件和硬件都在不断地升级,以新的文件格式保存的资源文件要能够利用当下的计算机设备准确无误的打开,而早就过时的文件格式也一样要能够打开。为了实现这一目标,要么利用目前的技术重现早前的系统环境(仿真),要么将旧的文件格式转化为当前可使用的格式(迁移)①。

为应对这样的挑战和要求,同时为了履行其作为中央档案图书馆的职责,德国国家图书馆携手全国和国际上的先进力量,通过开发和应用新的技术程序,共同寻求可靠的解决方案,推出了一系列有关数字资源长期保存的项目,取得了一定成果。

二、项目组织概览

2004 年至 2007 年,德国国家图书馆通过"数字信息长期保存合作项目(Kopal)"②建立了一个与合作伙伴共同开发利用的长期保存档案系统,其中还包括"电子资源元数据长期保存项目(LMER)"③。此外还利用开源软件"koLibRI"(kopal 图书馆检索和摄取)④开发了一个用于格式迁移过程的可利用框架。基于 Kopal 项目的成果,后又通过

① LANGZEITARCHIVIERUNG [EB/OL]. Deutsche Nationalbibliothek, 20140718. [2015 – 12 – 31]. http://www.dnb.de/DE/Netzpublikationen/Langzeitarchivierung/langzeitarchivierung_node.html.

② KOPAL-KOOPERATIVER AUFBAU EINES LANGZEITARCHIVS DIGITALER INFORMATIONEN [EB/OL]. Deutsche Nationalbibliothek, 20151016. [2015 – 12 – 31]. http://www.dnb.de/DE/Wir/Projekte/Abgeschlossen/kopal.html.

③ LMER-Langzeitarchivierungsmetadaten für elektronische Ressourcen [EB/OL]. Deutsche Nationalbibliothek,20140611. [2015 – 12 – 31]. http://www.dnb.de/DE/Standardisierung/LMER/lmer_node.html.

④ kopal Library for Retrieval and Ingest[EB/OL]. [2015 – 12 – 31]. http://kopal.langzeitarchivierung.de/index_koLibRI.php.de.

"图书馆数字化保存项目（DP4lib）"①研发了一项服务于数字资源长期保存的技术,2013年该服务被命名为"AREDO"②。

德国国家图书馆的存档系统已按照的数据审批原则"Data Seal of Approval"③被正式认证为值得信赖的存档系统。

此前由德国联邦教研部（Bundesministerium für Bildung und Forschung,简称 BMBF）资助的"长期保存项目（nestor）"④,自 2009 年起实施联合合作机制。在德国国家图书馆的领导下,形成了一个以德国数字信息长期保存为职责的联合体系,致力于促进解决数字资源长期保存相关的一系列问题。

德国国家图书馆目前还主持"电子资源长期保存元数据合作项目（EmiL）"⑤,已完成的数字信息长期保存研究项目名称有:LuKII⑥、

---

① DP4LIB-DIGITAL PRESERVATION FOR LIBRARIES [EB/OL]. Deutsche Nationalbibliothek,20121017. [2015 – 12 – 31]. http://www. dnb. de/DE/Wir/Projekte/Abgeschlossen/dp4lib. html.

② AREDO-ARCHIVIERUNG UND DAUERHAFTE ERHALTUNG DIGITALER OBJEKTE[EB/OL]. Deutsche Nationalbibliothek,20140929. [2015 – 12 – 31]. http://www. dnb. de/DE/Service/DigitaleDienste/AREDO/aredo_node. html.

③ Data Seal of Approval[EB/OL]. [2015 – 12 – 31]. http://datasealofapproval. org/en/assessment/.

④ NESTOR-KOMPETENZNETZWERK LANGZEITARCHIVIERUNG [EB/OL]. Deutsche Nationalbibliothek,20120221. [2015 – 12 – 31]. http://www. dnb. de/DE/Wir/Projekte/Abgeschlossen/nestor. html.

⑤ BEREITSTELLUNG VON MULTIMEDIA-OBJEKTEN DURCH EMULATION（EMIL）[EB/OL]. Deutsche Nationalbibliothek,20150709. [2015 – 12 – 31]. http://www. dnb. de/DE/Wir/Projekte/Laufend/emulationMultimediaObjekte. html.

⑥ LUKII-LOCKSS UND KOPAL INFRASTRUKTUR UND INTEROPERABILITÄT [EB/OL]. Deutsche Nationalbibliothek,20151016. [2015 – 12 – 31]. http://www. dnb. de/DE/Wir/Projekte/Abgeschlossen/lukii. html.

PARSE. Insight①、SHAMAN②、KEEP③、4C④、APARSEN⑤ 和 NEDLIB⑥。

2014 年 7 月 8 日,德国国家图书馆首次正式发布其《长期保存政策》。

三、长期保存原则

除对法律前提和职责使命做出阐述外,德国国家图书馆《长期保存政策》对该馆数字资源的长期保存提出了 13 条具体原则⑦。

1. 一致性

一次性采集到的或者在德国国家图书馆(例如通过自有资源数字

---

① PARSE. INSIGHT-INSIGHT INTO ISSUES OF PERMANENT ACCESS TO THE RECORDS OF SCIENCE IN EUROPE[EB/OL]. Deutsche Nationalbibliothek, 20120221. [2015 – 12 – 31]. http://www. dnb. de/DE/Wir/Projekte/Abgeschlossen/ parseInsight. html.

② SHAMAN-SUSTAINING HERITAGE ACCESS THROUGH MULTIVALENT ARCHIVING[EB/OL]. Deutsche Nationalbibliothek,20120221. [2015 – 12 – 31]. http://www. dnb. de/DE/Wir/Projekte/Abgeschlossen/shaman. html.

③ KEEP-KEEPING EMULATION ENVIRONMENTS PORTABLE [EB/OL]. Deutsche Nationalbibliothek,20121018. [2015 – 12 – 31]. http://www. dnb. de/DE/ Wir/Projekte/Abgeschlossen/keep. html.

④ 4C-COLLABORATION TO CLARIFY THE COSTS OF CURATION [EB/ OL]. Deutsche Nationalbibliothek,20150309. [2015 – 12 – 31]. http://www. dnb. de/ DE/Wir/Projekte/Abgeschlossen/4c. html.

⑤ APARSEN-ALLIANCE FOR PERMANENT ACCESS TO THE RECORDS OF SCIENCE IN EUROPE NETWORK [EB/OL]. Deutsche Nationalbibliothek, 20150309. [2015 – 12 – 31]. http://www. dnb. de/DE/Wir/Projekte/Abgeschlossen/aparsen. html.

⑥ NEDLIB-NETWORKED EUROPEAN DEPOSIT LIBRARY[EB/OL]. Deutsche Nationalbibliothek,20140428. [2015 – 12 – 31]. http://www. dnb. de/DE/Wir/Projekte/Abgeschlossen/nedlib. html.

⑦ Langzeitarchivierungs-Policy der Deutschen Nationalbibliothek [EB/OL]. Deutsche Nationalbibliothek, 20140708. [2015 – 12 – 31]. http://d-nb. info/ 1053443919/34.

化)产生的数字资源均应按照统一尺度予以永久保存。无论其内容和技术复杂性,所有资源的保存目标一致:保证其永久可访问和利用。处理时间不同可能导致出现有偏差的例外情况。

2. 自动化

德国国家图书馆在数字资源的交付和后续处理过程中使用高度自动化技术。只在特殊情况下采用手动校正。

3. 正确性

通过建立交付流程和加工流程——如标准化的交付接口,为对象和元数据设定最低标准,进行格式验证,监控等,将错误率降至最低。出现的错误要记录在案。

4. 完整性

德国国家图书馆采取适当的措施以保证存档资源的完整。相关措施包括定期检查、数据丢失前的及时备份等。关于存储环境要制定最低要求。

5. 真实性

德国国家图书馆接收到的数字资源应尽可能真实。因此在每一项接收措施之前必须加以权衡,能够合理承担多少不实信息。

6. 可获得性

德国国家图书馆保证存档资源在阅览室内永久可利用。如果版权人在交付资源时限定了在公共网络上免费展现该资源的权限,那么图书馆将根据效益原则决定,在哪些环境下存档资源可以永久访问和利用。

7. 封闭性

德国国家图书馆只存档独立完结的资源对象。意思是说那些动态变化的对象——像网页、研究数据等,在交付给图书馆时应该是"已完结、独立"的状态。

8. 唯一可识别性

每个存档对象都通过一个唯一的永久标识符(URN①)来进行识别和永久访问。新的版本(即新的知识单元)获得新的 URN 标识符。标识符用来指示资源内容,而非技术方式。发生迁移的资源,迁移周期完成后标识符不变。

9. 主动防患于未然

数字化存档是一个连续性、永无止境的过程,对采取的措施将不断提出新的要求。早在数据接收时就为后期资源保护收集了重要的技术性元数据,并按照现行标准与资源对象存储在一起。虽然当前技术格式看起来还比较稳定,但对于一次性采集到的资源类型,仍需要不断检测其未来的适用性,并且在必要时要启动保护措施。

10. 馆藏分组保护措施

德国国家图书馆根据不同的资源类型和数据格式实施两种不同的现行保护策略:仿真和迁移。采取哪一种方法不是针对单个资源对象来定,而是根据整个馆藏分组来计划和评估。因为每一种方法都是有风险和成本的,所以只在需要的情况下采取相应措施,并作为项目进行规划和记录。

11. 值得信赖

德国国家图书馆的长期存档体系应该是值得信赖的,为此应力求符合标准 DIN 31644 的要求,并通过相应的认证。

12. 符合标准

德国国家图书馆在设计、建立其数字资源长期保存体系时,始终遵循现行标准和建议(OAIS②、DIN 31644③、nestor 指导建议……)。为

---

① URN 即"统一资源名称"的缩写,英文全称为 Uniform Resource Name。

② OAIS 即"开放档案信息系统"的简称,英文全称为 Open Archival Information System。

③ DIN 31644 即"信息与文献—值得信赖数字档案标准",英文全称为 Information and documentation. Criteria for trustworthy digital archives。

保证该体系的未来适用性和图书馆的协作能力,符合标准是不可或缺的要求。因此,德国国家图书馆积极致力于国家标准和国际标准的发展。

13. 持续完善

数字资源长期保存体系的总架构(系统、流程、人员)要得到持续不断的改进和完善。在长期保存相关行动方面,德国国家图书馆竭力保持最佳的状态有所作为,所以随时关注国内外最新进展,且本身也积极从事相关应用的研究和开发。

第四节　资源数字化项目

一、"流亡文献"数字化

1997 年至 2003 年,德国国家图书馆针对其专题馆藏"1933—1945 年间德语流亡文献"实施了一个名为"流亡文献数字化(Exilpresse Digital)"①的项目。

众所周知,德国国家图书馆法兰克福分馆设有一个"1933—1945 德国流亡文献档案馆",其专藏文献是德国的重要历史资料。为保护这部分珍贵文献史料,该馆特从馆藏中精选部分流亡时期的期刊报纸,进行数字化。同时进行数字化的,还包括莱比锡分馆以及其他图书馆所藏的部分 1933—1945 年间的流亡文学。

"流亡文献数字化项目"是德国国家图书馆对"德语文献保存计划"的一大贡献,该计划涉及 1913 年之后的德语文献,并作为"分布式科研数字图书馆"项目由德国科学基金会(Deutsche Forschungsgemein-

---

① EXILPRESSE DIGITAL-DEUTSCHSPRACHIGE EXILZEITSCHRIFTEN 1933—1945[EB/OL]. Deutsche Nationalbibliothek,20120720. [2015 – 12 – 31]. http://www. dnb. de/DE/Wir/Projekte/Abgeschlossen/exilpresseDigital. html;jsessionid=9CC460C02267D53AF1266DC295459F3E. prod-worker3.

schaft,缩写 DFG)提供资助,旨在通过数字化的方式来保护德国濒临危险的图书馆馆藏资源。"流亡文献数字化项目"同时还是由西方七国集团(G7)首脑会议确立支持的"全球图书馆(Bibliotheca universalis)"项目的成果之一。

在该项目的 31 种数字化德语流亡期刊中,有 7 种出自中国上海,它们分别是:

- 八点钟晚报 (Acht-Uhr-Abendblatt) (上海, 1940. 1. 7—1941. 8. 29)
- 黄报(Gelbe Post)(上海,1939. 5. 1—1940. 6. 17)
- 上海犹太社区报(Gemeindeblatt der Jüdischen Gemeinde Shanghai)(1939. 9. 14—1939. 12. 29)
- 远东犹太之声(The Jewish Voice of the far East)(上海, 1940. 8. 2—1940. 12. 13)
- 上海犹太纪事报① (Shanghai Jewish Chronicle)(上海, 1939. 5. 5—1945. 9. 25)
- 上海回声报②(Shanghai Echo)(上海,1947. 3. 5—1947. 9. 17)
- 论坛报(Die Tribüne)(上海,1940. 2. 2—1940. 5. 1)

可惜的是,在德国国家图书馆的官网上,这 31 种"数字化流亡期刊"连同另一个相关项目的若干"纳粹德国犹太期刊"这两部分数字资源,目前出于法律原因均不能访问。官方对此给出了解释:相当一部分数字化文献的著作权人是未知的,孤儿作品的此类问题在德国乃至欧洲的立法层面并非首现,但不幸的是目前还没有解决办法。因此,德国国家图书馆决定暂不在网上开放这部分资源的访问权。然而,在德国国家图书馆莱比锡和法兰德福分馆范围内,仍然可以访问其数字化拷贝。如果将来《著作权法》有关内容发生变更,允许传播这些受著作权法保护的孤儿作品和/或长期绝版的作品,德国国家图书

---

① 一般也称为《上海犹太早报》。
② 第二次世界大战结束后,由《上海犹太早报》改名而成。

馆自然会利用并基于这些规则,以合理的方式使这些资源能够广为利用。

二、"犹太文献"数字化

2004 至 2006 年,德国科学基金会资助了"纳粹德国犹太期刊数字化项目"①,希望为研究纳粹统治下的犹太社区的历史人物和苦难历程提供高水平的历史文献来源。受流传条件的局限和影响,要获得这部分原始文献的途径极其有限,且难度很大。该项目以 1933 年纳粹党上台之后(或之前短时间内)在德国创办的犹太期刊为采集和数字化对象。大多数犹太社区自救机构——其中部分是新成立的,都通过文字表达了他们对遭受纳粹政权迫害的直接反应。这期间的期刊及其刊载的文章经过数字化,都可以在德国国家图书馆门户网站上检索到。目前共包括《犹太社区报》等 17 种期刊和 8 种犹太文化协会出版物。如前文所述,这部分资源目前还只能在莱比锡和法兰克福分馆阅览室内获取,待《著作权法》规定的相关条件满足后方能开放使用。具体许可流程和方法还在研制当中。

作为犹太文献保护的最新进展,在德国与以色列建立外交关系五十周年之际,2015 年双方国家图书馆共同牵头,合作开展了"犹太文化遗产数字化项目"②,希望借此机会携两国之力为相关重要一手文献创造便利、高效、安全的获取渠道,加强德国与以色列两国间的文化合作。数字化工作将在两国的图书馆和档案馆同时进行,并通过德国数字图书馆供广大读者使用。其中,以色列国家图书馆藏的以德语、依地语或希伯来语出版,以及以希伯来文字书写的图书,德国图书馆

---

① JÜDISCHE PERIODIKA IN NS-DEUTSCHLAND[EB/OL]. Deutsche Nationalbibliothek,20150331. [2016 - 02 - 13]. http://www. dnb. de/DE/DEA/Kataloge/Periodika/periodika_node. html.

② Digitalisierung von Deutsch-Jüdischem Kulturerbe[EB/OL]. Deutsche Nationalbibliothek, 20160205. [2016 - 02 - 13]. http://www. dnb. de/DE/Wir/Projekte/Laufend/digitalisierungKulturerbe. html.

藏的中世纪和近代早期的希伯来文字手稿，包括以色列国家图书馆藏的档案文献都将通过数字化的方式在常设虚拟展览"流亡的艺术"①中展出。德国方面作为成员馆参与该项目的机构有：柏林普鲁士文化基金会、法兰克福大学图书馆、汉堡大学暨州立图书馆、莱比锡大学图书馆、巴伐利亚州立图书馆。

三、其他数字化资源

　　长期以来，德国国家图书馆在数字资源建设方面还实施了多项馆藏资源数字化项目，除了前文重点介绍的"流亡文献"和"犹太文献"两类资源之外，还主持或参与了以下这些在建和已完成的资源数字化项目②：

　　● 欧洲之声——欧洲音乐和声音的记忆（Europeana Sounds als digitales Gedächtnis von Musik und Ton，2017 年完成）：

　　欧洲拥有丰富多彩的声音遗产，该项目的开展使得许多声音能够首先在网上被听到。作为欧洲文化记忆数字化项目"Europeana"的扩展项目，"欧洲之声"将重点放在各种类型的声音上：当代音乐、传统音乐、古典音乐、语言和方言、口述史以及自然的声音等。借助多媒体设备、文件链接和更详细的描述信息，项目声音文件将拥有较通畅的访问途径和较佳的使用体验。来自图书馆、档案馆、音乐出版、软件开发、法律等各领域的专家也将被联合起来。目前，该项目已设有音乐、口述录音、环境录音、广播电台节目以及其他包括乐谱、口述史访谈记录、书籍、卡片、音乐带、照片、图片、绘画等与音频有关或以音频为内容的各种文件资源在内的声音文件分类。到 2017 年 1 月，"Europeana"

---

　　① 　Künste im Exil［EB/OL］. Deutsche Nationalbibliothek.［2016 – 02 – 13］. ht-tp://kuenste-im-exil. de/KIE/Web/DE/Home/home. html.

　　② 　Projekte［EB/OL］. Deutsche Nationalbibliothek, 20160202.［2016 – 02 – 13］. http://www. dnb. de/DE/Wir/Projekte/projekte_node. html.

总共拥有的声音文件计划达到百万件（2014 年 2 月达 505 257 件）①，与音频相关的内容也将成千上万，更多的在线声音频道指日可待。

- 日常文献中的第一次世界大战——一战记忆（Erster Weltkrieg in Alltagsdokumenten：Europas virtuelles Gedächtnis-Europeana，2011 年完成）：

这是基于欧洲文化记忆数字化项目"Europeana"的一个关于个人一战记忆档案数字化的征集项目。在该项目于 2011 年 3 月开始运行的网站上，人们可以上传他们一战时期的私人物品的数字化拷贝，并添加必备的元数据信息。为向公众推广该项目，也为方便那些不太会操作的人们上传资源，项目组曾于 2011 年历时数月把推广活动带进了法兰克福、柏林、慕尼黑、斯图加特、德累斯顿等各地的图书馆，为人们带来的照片、信件、日记、明信片、影片、文件和其他物品等扫描、拍照、记录故事并上传到网上。从德国开始，该项目还向欧洲其他十余国家延伸，上传文件的人们遍布欧洲、美洲。据统计，目前共征集到各类资源共 183 279 件②。

- 书商的影像（Buchhändler-Porträts，2008 年完成）：

该项目涵盖了 3300 件 17 至 20 世纪时期众多图书销售商、印刷商和出版商的图片资料，其中许多内容都是此前从未公开过的珍贵影像，原件藏于德国国家图书馆的德国图书与文字博物馆。经过重新编目、索引和内容数字化之后的图片资料，为我们了解和研究德国图书发展及出版史提供了检索和获取一手史料更为便捷的渠道。

---

① Europeana Sounds［EB/OL］.［2016 – 02 – 15］. http：//www. europeanaso-unds. eu/about.

② Europeana 1914 – 1918［EB/OL］. Europäischen Union.［2016 – 02 – 15］. http：//www. europeana1914-1918. eu/de/statistics.

第五章 法国国家图书馆

第一节 法国国家图书馆数字资源建设概述

一、数字资源建设起源与现状

保障最广泛的读者获取馆藏资源是法律赋予法国国家图书馆的职责之一。1997 年上线的数字图书馆 Gallica 是履行该职责的主要手段。Gallica 是一个百科全书式、合理分类的图书馆,为读者免费提供各种类型的图像或文字资源,其中包括印刷型文献(图书、期刊和报纸)、手稿、有声资源、版画、照片、海报、航海图与地图以及钱币等。法国国家图书馆数字资源发展方式多样,除进行本馆资源数字化外,还搜集了大量的网络资源,并于众多合作馆开展协同数字化项目。得益于先进的技术、不断丰富完善的馆藏以及不断增加的合作馆数量,Gallica 已成为目前全球规模最大的数字图书馆之一。

截至 2014 年年底,Gallica 共有 320 万种可供检索或可直接获取的文献,目前文献总量仍以每年 2000 万页和几十万张图片的速度增长。这些文献是法国国家图书馆及其 270 多个合作馆丰富多样的馆藏中最具代表性的部分。同时,数字图书馆的功能性日渐增强,用户体验不断优化,吸引了越来越多的读者。2014 年 Gallica 的总访问量达到了 1530 万人次①。

二、数字资源建设发展模式

法国国家图书馆的数字资源建设始于馆藏资源的数字化,最初

---

① Rapport d'activités 2014 de la BNF. P:18[EB/OL]. [2016 - 02 - 28]. http://webapp. bnf. fr/rapport/pdf/rapport_2014. pdf.

的尝试可以追溯到 1992 年对切边书和缩微胶卷进行的黑白数字
化。1996 年法国国家图书馆首次尝试对照片进行彩色数字化。目
前馆藏资源数字化仍是法国国家图书馆数字资源建设最重要的一
部分。

1999 年法国国家图书馆开始尝试网络资源的收集、整理和保存
工作。2006 年网络呈缴法案和 2011 年 12 月份通过的相关的执行
法令为法国国家图书馆接受网络资源缴送提供了强有力的法律
保障。

自 2009 年开始,法国国家图书馆重新定位了合作方向,将重心转
向了数字合作领域,在国内图书馆界推出了一系列的协同数字化项
目,并与多个国际合作伙伴,尤其是欧洲和欧盟范围内的文献收藏机
构开展了多项数字化合作项目,其中较有特色的项目有航海罗盘图数
字化和一战百年专题项目。

三、数字资源建设章程

2008 年法国国家图书馆发布了首个《Gallica 文献章程》(以下简
称《章程》)。其中明确了 Gallica 的主要目标群体是研究者、专业人士
和业余爱好者。根据网络调查显示,使用者最希望获得:①通过其他
方式难以获取或是已绝版的文献;②全文文献或是重要的图片资料。
《章程》中多次提到,数字图书馆 Gallica 的功能并不是将法国国家图
书馆的所有资源搬到网络上,Gallica 并无意于穷尽所藏的实体文献。
借助网络,读者能够获取那些稀有的、原创的、绝版的或者其他难以获
取甚至无法获取的文献,这是 Gallica 文献资源建设过程中始终坚持的
原则。

《章程》中指出,Gallica 是法国国家图书馆通过多种方式获取的文
献的一个缩影,因此,Gallica 的文献选择应该凸显出本馆馆藏的独特
性;在语言与地域方面主要收藏法语及法语国家与地区文献;在时间
方面更侧重于现代文献。

在学科领域,根据当时的调查结果显示,覆盖面最广的三个学科

分别是历史、文学和科学技术。前两个学科与法国国家图书馆文献资源建设的重心相符合,后一个学科则是研究界需求较高的领域。《章程》表示这样的资源分配是合理的,未来将继续保持这三个学科的优势,仅需控制一下增长量。

《章程》中确定了工作的两个重点,一个是期刊日报的数字化,另一个是图片和有声资源的数字化。期刊的需求量大,目前的工作重点在于补充缺藏,并在数字化流程中增加重要的刊物。而 19 世纪的日报具有极高的研究价值,却难以提供借阅。而对图片与有声资源的数字化可以与相应的印本资源形成互补,印本与图片或有声资源经过数字化后形成一个共生的整合资源,从而为研究界提供新的研究点,使得文献资源发挥更大的作用。

除了自有馆藏数字化外,Gallica 也非常注重与其他图书馆进行数字化合作。主要的合作方向有两个,一是进行资源互补式的合作,如与美国梅隆基金会合作进行的敦煌手稿数字化,与菲利多尔基金会合作对分散在巴黎和凡尔赛两地的巴洛克音乐数字化以及与美国国会图书馆合作的关于法国人对美国文化的贡献的法国—美洲项目,并建立相关的门户网站。另一种则是与专家团队进行合作,为读者提供更便利的文献获取模式。例如与 Mathdoc 进行的数学期刊合作,Mathdoc 模块的应用改善了《数学与应用数学日志》在 Gallica 期刊文章中的检索,同时在 Mathdoc 的网站上也可以检索到该杂志的文章并直接链接到 Gallica 原文。这无疑是未来合作的一个新方向。

第一个合作方向中有一个非常特殊的细化分类,即与地区图书馆的合作。19 世纪学协会杂志获得了成功。未来即将开展的还有收藏在当代国际文献图书馆和斯特拉斯堡国立大学图书馆的关于一战的珍稀资料。

四、数字资源长期保存

2008 年法国国家图书馆制定了首个《文献保存章程》。随着数字化技术的不断发展,图书馆馆藏的数字化资源以及原生数字资源不断丰富,数字资源的长期保存成为图书馆需要面对的一项新课题。在此背景下,2014 年法国国家图书馆重新修订并推出了第二版《文献保存章程》,新增了数字资源的保存问题、数字化与实体资源保存之间的协调、紧急预案以及风险管控等相关内容。其中明确指出"数字资源的保存政策旨在于确保数字资源可永久获取,并保证信息长期可读、可懂、可再利用。"

目前法国国家图书馆采用的数字资源长期保存系统称为分散存档保存系统(SPAR)。该系统并不仅限于对数据进行简单的安全存储,而是更侧重于数字资源的维护,即保障数据长期可读、可懂并且可再次利用,即使这些数字资源产生时的技术和人文环境已经发生变化。通常数字资源一旦破损就很难修复,或者同时期的软、硬件消失后,这些资源就很难重新读取,因此,法国国家图书馆主要的努力方向是采取一些预防性的监管和迁移措施。分散存档保存系统(SPAR)的"分散"是指这套系统可以管理位于不同地址的不同拷贝,以防止文献丢失或是被彻底破坏。同一种数字资源至少储存在两个不同的地点,并且每个储藏点都是用多种不同的储存方式(磁带和/或硬盘)。

第二节　馆藏资源数字化

一、馆藏资源数字概况

1. 馆藏资源数字化发展历程

法国国家图书馆自 1992 年开始尝试进行馆藏资源数字化。最先开展的是切边书和缩微胶卷的数字化,当时仅有黑白数字化,使用TIFF 压缩格式,分辨率 300DPI。1996 年,首次进行照片彩色数字化尝试,JPEG(无视觉损失)格式,分辨率在 150 到 300DPI 之间变化。1998年,引进的新技术成功实现了根据图书页面需要进行彩色或灰度数字化。黑白页面保留了支持 CCITT GROOPN 压缩的 TIFF 格式。从 2005

年开始,数字化理念从为传播而数字化转变成为存储而数字化,因此放弃了 JPEG 格式,转而采用无压缩的 TIFF 格式储存彩色和灰度数字化产品,引入了字符识别系统以便于进行全文检索。这些改进是为了更好地保存数字化的报纸,这些报纸所用的酸性纸张已经严重损伤。对于此类馆藏,系统地采用 300DPI 灰度数字化。2007 年开始大规模数字化。数字化总量翻了 15 倍。2009 年,开始对珍贵和特藏文献进行数字化,分辨率提高到 400—600DPI,开始对封面进行数字化。缩微文献的数字化分辨率提高到了 400DPI,并且系统地用灰度取代了黑白。2011 年,图书的数字化(大规模数字化)分辨率提高到了彩色400DPI,并对字符的识别率提出了要求。2014 年,用 JPEG2000 的格式取代了 TIFF 格式。

2. 馆藏数字化现状

目前法国国家图书馆每月大约完成数字化文献 100 万页,主要来自其自身馆藏。自 2013 年开始,Gallica 中增加了在"法国国家图书馆—合伙人"协议框架下产生的数字化文献。在最主要的精装书数字化领域,约有 30% 的数字化文献来自合作图书馆。大约有 20% 的数字化工作是由法国国家图书馆内部的工作室承担,其余工作则由经过选择的外包商完成[1]。

数字化工作主要涉及一下几种不同文献类型:

- 精装书(主要部分)
- 报纸杂志
- 特藏:照片,版画,航海图,地图等
- 珍藏书:来自珍品部和阿森纳图书馆的最珍贵的图书

最珍贵、最脆弱的书一般是在法国国家图书馆馆舍内进行数字化,其余则在外包商处进行。对于后者,图书馆需要定期检查以保证数字化过程中图书本身未受到任何损伤。

----

[1]　La numérisation à la BnF[EB/OL].[2016 – 02 – 04]. http://www. bnf. fr/fr/professionnels/innov_num_numerisation/a. numerisation_bnf. html.

随着科技的不断发展,数字化技术水平也在不断提高,部分根据旧的规范数字化的文献已经不能满足今天的需求。法国国家图书馆采取了一些特别措施来完善这部分数字资源,如光学字符分段与识别、目录录入以及为每种文献配备一份"电子书"(同样使用 ePub 格式)版本。

图书馆自身并不进行字符分段与识别或是目录输入等工作,这部分工作是对内部数字化的补充。内部工作室负责对那些稀有、脆弱、不能交付给外包商的文献,或是希望在较短时限内完成的文献进行数字化。

目前,一份完整的数字化文献是由以下部分构成的:

● 彩色或灰度的未经压缩的 TIFF 图像,最小分辨率为 400DPI,Gallica 可以实现对最大图像的变焦操作;

● 清单:文献正式的身份档案,清单中标明了页码,为保存而进行的数字化操作历史,图像的说明文字等;

● 高质量输入的带有索引的目录,以保障文献在 Gallica 中的阅览,并改善全文检索体验;

● 支持全文检索的光学字符识别(OCR)。此操作可以实现被检索单词定位后在 Gallica 中高亮显示。单词定位包含在分段操作中,以便建立整个文本(单词、文本行、文本模块等)的结构。

二、法国国家图书馆—合伙人项目

法国国家图书馆的数字化经费主要来自全国图书委员会的拨款,但这并不能完全满足图书馆的数字化需求。特别是有些藏品并不在委员会补贴范围内(手稿、铜版画和照片等)。因此,法国国家图书馆希望能够利用一项名为"未来投资"的计划,对这些藏品进行数字化。在文化和交流部的支持下,2012 年图书馆成立了一个名为法国国家图书馆—合伙人(BnF-Partenariats)的子公司。这一举动得到了来自数字化社会国家基金的资金支持。公司由法国国家图书馆馆长布鲁诺·拉辛直接领导。公司的主要使命有两点:一是以法国国家图书馆的实体或数字资源为基础,独自或与数字领域公司进行合作,开发并传播数字化服务或数字化文化产品;二是促进数字内容受众和获取方式的多样化。目前正在进行的项目主要有:

1. 古旧书数字化[①]

该项目是与 Proquest 合作进行的,是大项目"欧洲早期图书"(《Early European Books》,EEB)中的一部分。项目计划用 6 年时间对大约 7 万种,1000 万页 15—17 世纪的图书进行数字化,并且以比"谷歌图书计划"更高的质量来进行。5% 的数字化内容可以立即在 Gallica 中获取,其他 95% 的内容则会在发布 10 年后逐步在 Gallica 中免费获取。这些图书主要是拉丁语图书,主要目标人群是研究人员,图书原件非常脆弱,每次只能在严苛的条件下由一位读者阅读。如果由法国国家图书馆独自完成这项工程大约需要耗费 25 年,合作方式极大地加快了数字化进程。欧洲早期图书每年发布新版,通过出售使用许可获利。该项目的启动资金,大约总金额的三分之一由数字化社会国家基金提供,后期经费则由出售使用许可获得的收益来支付。

2. 有声资源数字化[②]

有声资源数字化项目是与 Believe Digital 和 Mennon Archiving Service 合作进行的。主要是对 45 000 张密纹唱片(截至并包含 1962 年)和 107 000 张 78 转唱片,共约 500 000 首曲风混合(经典音乐、爵士、世界音乐等)的乐曲进行数字化。这些作品的邻接权已经到期,但是大部分仍受著作权保护。该项目在比利时雇佣专人进行,但是产品必须符合法国国家图书馆规定的质量和格式,合作方拥有 10 年的专营权。由于大部分作品(80% 的密纹唱片)仍在著作权保护时限之内,因此,Gallica 只能提供试听,由 Believe Digital 负责相关著作权费用的支付,并在上百个在线平台进行推广。

---

①②　BnF-Partenariats[EB/OL].[2016 – 02 – 29].http://www.bnf.fr/fr/acces_dedies/bnf_partenariats/s.bnf_partenariats_partenaires.html? first_Art = non.

3. 数字化音像资料中心①

该项目是与 Arte Fracne 和 UniversCiné 合作进行的。ARTE France 和 UniversCiné 两家公司自 2011 年起合作向多媒体图书馆和文化机构提供视频点播服务。目前这项服务已经波及 2000 多个社区,并和法国电视 5 台合作提供国际服务。法国国家图书馆与 ARTE France 和 UniversCiné 的合作内容主要是通过建立门户网站 BnFcollection. com 提供 20 000 种电子书和 500 000 首音乐。其中电子书部分主要来自于法国国家图书馆馆藏的 19 世纪著名的文学、戏剧、诗歌、小说、回忆录等作品。音乐部分则主要是法国国家图书馆馆藏的 1949—1962 年间在法国传播的各种音乐形式:古典音乐、爵士、香颂、世界音乐和戏剧等。这一项目的经费主要来自数字化社会国家基金。

4. 电子书项目②

2014 年 5 月法国国家图书馆与 Ligaran 公司签署协议,开启了《法国国家图书馆电子书系列》。至 2015 年 9 月,该系列已有 4000 多种图书,并且数量每年还将不断增长。这些电子书可以通过发行平台下载或以流媒体方式阅览,也通过和 Arte et LMC / UniversCiné 的合作进行传播。电子书格式满足各种不同终端的需求。该系列中的图书是由一个专门的编委会从法国国家图书馆的宏富馆藏中精挑细选而来。对这些馆藏的数字化一经完成,读者立即可以在法国国家图书馆的阅览室和数字图书馆 Gallica 中获取。

5. 早期期刊报纸数字化③

2014 年 12 月法国国家图书馆与 Immanens 公司签署协议进行早期期刊报纸的数字化。Immanens 负责建设一个能够对 1631 至 1945 年间法国出版的国家、地区、区域及殖民地期刊报纸进行研究和编辑的网站。法国国家图书馆则负责网站的编辑和相关服务的商业推广。这个网站与 Gallica 相互补充,受众广泛,并且和法国国家图书馆的馆

①②③　BnF-Partenariats[EB/OL]. [2016 - 02 - 29]. http://www. bnf. fr/fr/ac-ces_dedies/bnf_partenariats/s. bnf_partenariats_partenaires. html? first_Art = non.

藏数字化政策相符合。网站采用"免费增值"的模式,即网站所有资源可供免费查阅,但是一些针对专业群体的开发和再利用的功能(结果统计与分析、教学资料查阅、批注、为再次传播而进行的高分辨率下载等)则需要付费使用。未来付费服务带来的收益将能够保障数字化和增值服务所需经费。这些数字化内容的元数据将会整合进 Gallica,Gallica 会提供前往该网站的链接以便读者免费查阅。根据欧盟规定,7 年之后所有数字化资源可以通过 Gallica 免费获取。具体的刊物由法国国家图书馆法律、经济和政治部协助选择,共包含由法国国家图书馆保存的缩微胶卷数字化而来的 500 万页资源,也包括 Gallica 中现存的 300 万页资源,这部分主要是需要进行补充性的语义加工以便改善检索体验。

三、质量监控

不断增加的数字化资源总量导致质量监控体系也发生了重大的变化。以前,在数字资源上线之前会对文献进行系统化的控制,但是对生产方式并没有深入的监督。但是目前的生产总量和生产节奏使这种方式无法继续。法国国家图书馆逐渐采用了一种来自于手工制造业的质量管理方式。目前法国国家图书馆的数字化工作既牵扯到内部部门,也牵扯到服务外包商,因此,图书馆对内、对外都形成了一套质量保障方案。

对外部服务提供商的质量保障方案效法与质量标准(ISO 9001),其中根据项目性质,确定了相关外包商的工作流程。质量保障方案是一系列由法国国家图书馆和外包商在合同启动阶段起草的文件,其中描述了合同指导方法、生产方式、质量管控方法和行政管理及财政方式。

"生产方式"部分细分为"章程"和"程序"。每种外包服务(数字化、OCR、目录录入、文献质量控制)都有自己的章程,其中描述了法国国家图书馆的预期目标以及外包商对结果的承诺。"程序"部分则详述了为承诺而采取的具体步骤。其余部分只有"程序"。

图书馆内部也有一套与外包商相对应的质量监督措施,相关文件的结构与目标与外包商质量保障方案基本相同。

截至 2008 年,法国国家图书馆在上线前检查每一种文献。所有剔除的文献(XML 或/和 TIFF 格式不一致、缺页、发送格式错误等)都会经外包商改善后重新发回图书馆。

从 2008 年开始,法国国家图书馆开始检查文献结构,以确保文献在 Gallica 中的可读性。这项检查是由一个特别的软件自动完成的。检查合格后文献才能正式上线。

国家图书馆对图片质量、杜威分类法检索以及数字化产品与原件的一致性进行抽样直观检查,以保证数字化产品的质量,并对后期审计起到指导作用。检查中发现的失误会反馈给外包商修正,并成为审计中的关注点。

对生产现场的审计和期限控制:合同中已事先安排了现场审计环节,旨在于确保质量保障方案中的程序被执行,外包商尊重自己关于质量的承诺;确保质量保障方案中的流程是必须或/且足够的。

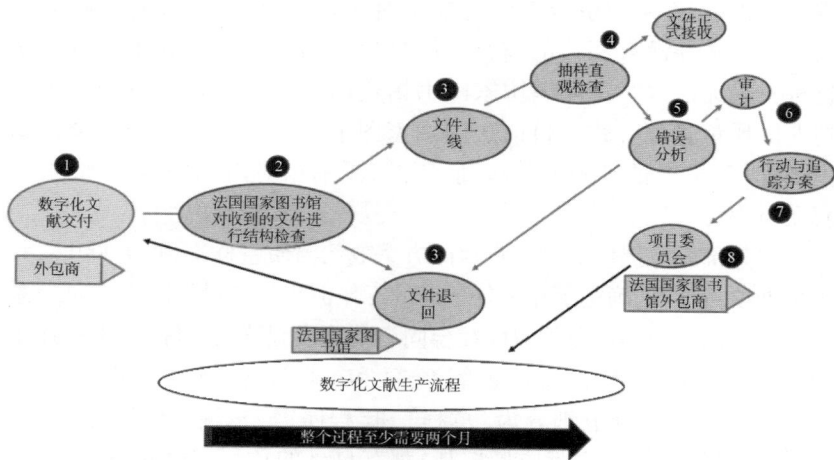

图　生产质量管理流程图

法国国家图书馆对数字化实行了"流程"审计,目的在于控制数字化文献的流入与流出。主要目的有两点:①保障整个流程的正常运转

(工作是否按预期进行？设置的目标是否达到？)②明确改善步骤(制定并追踪行动方案)。

生产期限的控制同样也是质量控制的一种手段。实际上,产品交付时发现的一种问题极有可能在整个生产过程中都存在。期限控制的目的是为了缩短发现错误、改正错误之间的时间,尽量减小对整个生产过程的影响。项目委员会也会定期进行质量总结,向外包商指出错误并跟踪对方采用的纠正措施。

第三节　网络资源存档

法国国家图书馆的网络资源存档工作始于1999年。2006年法国通过了网络呈缴法案,法国国家图书馆保存网络资源有了法律保障。这一新的使命要求法国国家图书馆采取一系列完整的原生数字资源处理程序,也要求图书馆在网络环境下对科学标准和文献标准做出相应的调整。目前法国国家图书馆主要通过大规模采集和目标采集相结合的方式,对各种网络原生数字资源进行采集。

一、法定呈缴内容

法国的呈缴制度自弗朗索瓦一世开始实施,是法国国家图书馆馆藏的最主要来源。五个世纪以来,呈缴制度涉及的出版物类型不断丰富。2006年通过的网络呈缴法案为法国国家图书馆网络资源的收藏与保存提供了法律支持。

2006年遗产法法律部分第一卷"适用于所有文化遗产的规定"第三章"法定呈缴"第一款"法定呈缴的目标与适用范围"中这样规定：

"印刷,平面,摄影,音像,视听,多媒体文献,不论其采用何种技术制作,出版或发行,一经面世,均为强制缴送的对象,称为法定呈缴。

程序和数据库自其通过物质载体进入流通领域开始成为法定呈缴的对象,无论其具体的载体形态是何种。

通过电子途径向公众传播的符号、信号、作品、图像、声音或者任何性质的信息,也是法定呈缴的目标。"①

2009 年立法机构对这一章进行了修订,其中增加了关于电影的内容。

"……对于首次进入影院放映的电影,在获得电影和动画法第L. 211-1 规定的影院放映许可后,都必须依照本法律进行缴送。"②

2011 年通过的 2011—1904 号法令对网络呈缴做出了更加细致的规定。遗产法细则部分第一卷"适用于所有文化遗产的规定"第三章"呈缴"中,第二款"呈缴的方式与组织"第一节"法国国家图书馆的呈缴"第四小节"通过电子途径传播的产品的呈缴"中,规定以下两种网络资源需要向法国国家图书馆呈缴:

1.……以. fr 为域名,或其他任何在法国网络域名管理机构注册的域名,或是由居住在法国的法人注册或是在法国领土上产生的在线媒体服务;

2. 除了通过地面无线电传播或是向公众提供本法律 R132 – 34 中提到的节目,其他在法国境内依据 1986 年 9 月 30 日通过的 86 –1067 号法律第二条所提供的视听媒体点播服务③。

同一法令 R132 –23 –1 中规定,上述网站、视听媒体的呈缴每年

① Objectifs et champ dápplication du dépôt légal[EB/OL]. [2016 –02 –04]. http://www. legifrance. gouv. fr/affichCodeArticle. do? cidTexte = LEGITEXT000006074236&idArticle = LEGIARTI000006845516&dateTexte =&categorieLien = cid.

② Objectifs et champ dápplication du dépôt légal[EB/OL]. [2016 –02 –05]. http://legifrance. gouv. fr/affichCodeArticle. do; jsessionid = 023DC952B65F5C4A89EEA27C2DF09B11. tpdila21v_2? idArticle = LEGIARTI000020905828&cidTexte = LEGITEXT000006074236&categorieLien = id&dateTexte =.

③ Dépôt légal des services de communication au public par voie électronique [EB/OL]. [2016 – 02 – 05]. http://legifrance. gouv. fr/affichCodeArticle. do; jsessionid = FC040AAE71CE51C8C808A84B79D88124. tpdila21v_2? idArticle = LEGIA-RTI000025004800&cidTexte = LEGITEXT000006074236&dateTexte = 20160205.

至少一次,并且规定,假如上述网站或视听媒体服务不能通过自动程序完整采集,其编者需要应国家图书馆的要求提供可以获取采集需要的受保护内容的密码,或者向国家图书馆提供一份相应文件的拷贝。无论以上何种情况,编者都必须同时提供保障电子资源长期交流及保存所不可或缺的技术数据。由缴送双方协商共同决定文件的提取方式。

呈缴涉及互联网上传播的所有类型的出版物:机构或个人网站、免费或收费期刊、博客、商业网站、视频或电子书平台等。内容或编者必须和法国领土发生联系。首先是那些以.fr为域名的网站和注册在法国海外省的网站。其次还包括以.com、.org、.net等域名结尾,编者为在法国境内的法人或自然人的网站。最后,在法国领土上产生的出版物,即使由外国公司传播,也可能成为呈缴对象。个人信件和社会网络或互联网中的私人空间不包括在法定呈缴的范围内。所有自然人和法人,只要他们在法国领土上编辑或生产通过电子途径向公众传播的符号、信号、作品、图像、声音或者任何性质的信息,都要承担法定呈缴的义务。

网络呈缴也包括电子书,即和印刷图书部分相似且在线传播的电子产物。只有内容(电子书本身及注释功能、互动工具等)是呈缴的对象,阅读工具或者平板电脑并不是呈缴对象。目前,电子书的呈缴并不是统一进行的,而是通过对电子书传播网站的采集来进行的。呈缴的方式和网络呈缴是一样的,也是由遗产法(L131-2、L132-2、L132-2-1和R132-23-1条例)规定的。编者并不需要采取任何主动的行动。如果一本电子书还通过印刷本或者实体电子版本(CDRom或者USB盘)的形式传播,电子书仍然是呈缴的对象。不同的缴送方式之间不能互相取代。

二、法国国家图书馆网络资源采集模式

印刷文献的呈缴旨在于全面收藏法国的出版物。但是对于网络资源而言这一目标是不可能实现的。遗产法赋予法国国家图书馆的

使命是选取法国网络内容中具有代表性的部分并予以收藏。为了实现这一目标,法国国家图书馆制定了一套方法,以法定呈缴的科学和遗产标准为依托,并考虑到采集工具的能力与局限性。

这一整套方法共有三个级别:

* 法国国家图书馆的总体政策依托于相关法律法规、呈缴制度,并考虑到所有可支配的资源。这一政策涉及所有类型的采集。

* 目标采集的范围是由法国国家图书馆文献章程确定的,细化到各个主题部门并有明确的采集技术参数。

* 一些采集项目还需要建立特别的指南,以便确定主题、采集周期或者数据容量。

为了保证所选择文献的代表性,法国国家图书馆采用了大规模采集和目标采集相结合的操作模式。大规模采集每年进行,绝对不带有任何选择性,目的在于覆盖整个法国网络。目标采集是对大规模采集的补充,进行得更加频繁,所采集的网站是由法国国家图书馆或者合作馆的馆员进行筛选的。两种采集模式所产生的年度总数据量基本一致。

1. 大规模采集:年度非选择性采集

为了识别和采集法国网站,法国国家图书馆和一些网络域名管理机构签订了协议,如法国网络命名与合作协会(AFNIC),信息系统与OVH 软件咨询会和新喀里多尼亚邮政与电讯办公室(OPT-NC)。每年,数百万的网站以提前确定的深度被捕捉(每个网站达到几千个页面)。大规模采集主要涉及以. fr 为域名的网站。一般域名(. com、. org……)网站如果通过超链接与域名为. fr 的网站链接,也可能会被采集。2007 年法国国家图书馆与 l' AFNIC(法国互联网合作命名协会)签署了一项协议,图书馆拥有了以. fr 和. re(留尼汪岛)为域名的网站的详细清单。

2. 目标采集:网络化筛选

有些网站在大规模采集中不能被很好地覆盖,可能是因为它们需要更加规律的采集,也可能是因为这些网站结构特别深入。因此,图书馆对部分价值较高的网站每日进行"拍照",特别是一些大型的新闻网站。另外一些网站需要在特定时刻进行采集,比如一些节日、政治、文化、体育事件相关的网站。

其次还有一些网站内容太过广泛,为了最全面地覆盖其内容将会产生庞大的数据量,这类网站包括博客平台、视频平台或者是国家或研究机构的主要网站等。

法国国家图书馆对目标采集所涉及的网站的筛选给予高度重视,该项工作由专门的专家组进行,这些专家来自各个不同专业领域,既有图书馆员也有研究人员,既有国家图书馆的工作人员,也有合作机构的工作人员,如市立图书馆或大学图书馆,研究室或者一些学协会。

目标采集又可细分为"日常"采集(涉及某个特定学科的参考性网站)和"项目"采集(横向的关于某个特定事件或主题)。

3. 日常采集

日常采集涉及上万个网站,由法国国家图书馆下列部门进行筛选:

- 戏剧艺术
- 音像制品
- 航海图和地图
- 呈缴
- 法律、经济和政治
- 铜版画和照片
- 书目与数字信息
- 文学与艺术
- 音乐
- 哲学、历史和人文学科
- 目录学研究
- 科学与技术

从 2011 年开始,这些网站能够根据相关部门要求的频率进行采集(从每周一次到每年一次)。

4. 项目采集

项目采集的特点在于更具时效性，并且是横向的。这类采集通常是和外部机构（图书馆、研究中心或者学协会）合作进行的。

2015 年，法国国家图书馆进行了下列项目采集：

- 国际协定
- 新闻
- 网络一战
- 个人日记
- 拍卖行
- 社会活动
- 付费报纸
- 官方出版物
- 科幻小说
- 社会团结

最后，法国国家图书馆还设立了一个"紧急采集"流程，可以在特定日期迅速捕捉需要采集的网站（比如节日或沙龙网站）或者一些可能消失的网站。

在具体的操作层面，法国国家图书馆使用自动装置进行采集，频率和深度等参数由图书馆的呈缴组设定，但是必须符合网站筛选人员的要求。

三、各种网站内容采集方式

1. 自由访问内容的采集

自 2006 年开始，图书馆以呈缴的名义采集、保存并交流"法国域名"网站。图书馆首要考虑的是那些域名与法国疆域相关的网站（.fr、.re、.nc 等），以及那些内容在法国生成或作者在法国居住的网站（.com、.org 等）。

呈缴制度适用于被认为等同于"出版"的内容，即在线的公共内容，私人性质的交流并不包括在内。网站，博客以及社会网络的公共部分是法定呈缴的内容,而电邮,社会网络的私人部分或是内部网不包括在内。收信人的性质决定了网络资源私人或公共的性质:假如收信人需要网站特别许可(比如通过密码或通过成为会员的方式),文献会被认为是私人性质的。

与传统呈缴(印刷出版物或者实体音像的呈缴)不同,网络资源,特别是可以自由访问的网络资源的呈缴并不需要其编者做出任何行动,而是通过 Heritrix 装置自动进行。考虑到在线资源的总量和组织方式,法国国家图书馆不能保证对网络内容全面而彻底的采集。图书馆采用抽样方式进行采集,标准在于尽最大可能保证最佳的代表性。自动采集装置都直接根据发布者的服务器进行识别。如果网站发布者希望自己的网站在下一次采集中被采集,需要向图书馆写邮件提出申请。

如果全部或部分网站内容因为技术原因(数据库、密码保护等)或商业原因(付费内容,订阅)不能获取,法国国家图书馆会逐个与编者接触,寻求技术方案解决这些问题,提高采集质量。

2. 访问受限内容的采集

2011 年 12 月 9 日通过的 2011—1904 号法令改变了遗产法的部分规定,加强了对网络呈缴的法律支持。该项法令的通过使法国国家图书馆可以采集访问受限的公共内容,特别是需要付费的内容。

自由访问网站的内容采集可以自动进行,并不牵扯到网站编者的任何活动。但是,如果网站的全部或部分内容因为技术原因(数据库,密码保护等)或经济原因(付费内容,订阅等)不能访问,法国国家图书馆可以和网站的编辑人员一同设置深层指令来完成内容的采集。

2012 年年底,国家图书馆开始尝试测试国家性和地区性新闻网站付费内容的采集。主要操作方式是采用自动采集装置,既采集与纸质版本相对应的 HTML 页面,也采集其中的 PDF 文档,尤其是国家新闻日报的地方版。

这次尝试要求图书馆相关工作人员提前和网站编辑机构接触,并由对方提供受保护内容的访问密码或钥匙。图书馆的自动采集装置接收这些信息后就能够自动识别并采集目标资源。

这次尝试使图书馆建立起了一整套覆盖文献生命周期(筛选、采集、质量控制、揭示、获取、保存)的程序。此次采集共涉及 20 余种报纸。一旦系统的表现趋于稳定,采集的报纸范围还会进一步扩大,优先考虑地区性日报。首要考虑的采集对象是纸质版本收藏已经中断的地区性报纸的 PDF 版本,以便保证馆藏的连续性和完整性。

第四节　协同数字化

2008 年,在全国图书委员会的框架下,法国国家图书馆带领一个叫作"数字化计划:普查与协调"的小分组起草了一项题为《图书馆数字化图景》的报告,对法国图书馆界数字化发展现状做出了总结,并对未来数字化发展提出了多条建议,其中非常重要的一点就是图书馆界各方力量联合,实现数字资源的保存,以应对公共文献消亡和文献冗余的风险。

在此背景下,自 2009 年开始,法国国家图书馆开始实施数字化合作战略。六年来,法国国家图书馆融合各方资源,为法国文化遗产的数字化做出了巨大贡献。

一、目标概述

法国国家图书馆联合法国图书馆界进行的协同数字化项目目的在于:

1. 借助协同数字化项目,各方合作,以最低的价格,共同将覆盖面最广而又最合适的文化遗产进行数字化,无论该文献位于何处,也不管其提供者的身份地位如何。

2. 以有组织的方式,在尽可能大的范围内传播、开发生产的数字化资源,并实现各个数字图书馆资源的优势互补。

这一协作行为可以应对目前紧迫的文化挑战:

- 使公民能够更便捷地获取国家、地区及本地文化资源；
- 在网络上推广法国文化及法语语言；
- 为研究活动提供鲜为人知的资源，为研究者提供新材料。

为了实现合作计划的第一点目标，法国国家图书馆自 2009 年开始致力于通过一项鼓励性的财政支持（数字化补贴）来促进法国图书馆印本文献数字化。自 2011 年起，法国国家图书馆采取了更多样化的措施，特别值得一提的是法国国家图书馆承担了其他图书馆总量30% 的数字化工作。

协同数字化所产生的资源极大地丰富了 Gallica 和合作伙伴数字图书馆的内容：

- Gallica 这一全国性文献获取中心不仅能够提供本馆的数字化文献，同样也能够为使用者提供其他图书馆乃至整个法国文化中具有代表性的数字化文献。
- 合作伙伴的数字图书馆或门户网站能够提供更丰富的内容，更好地满足使用者的需求。

二、文献筛选方针

协同数字化所涉及的文献主要包括：

- 不受版权保护的文献或者已转让版权的文献（例如一些杂志和学协会出版物）。
- 合作馆的印本文献，这是和相关机构自有书刊数字化工作互为补充，并促进法国文献机构更加丰富的印本馆藏上线。
- 法语文献、法国语言文献、拉丁语文献和德语文献（曾经的阿尔萨斯－摩泽尔地区的图书馆）。

协同数字化项目主要围绕着以下两方面展开：

- 主要项目：学科项目（法律科学、艺术史、1914—1918 战争、青少年文学遗产）以及地区性计划（本地或地区性学协会出版物）。
- 补充项目（抵抗运动时期的地下刊物、战场日记、移民刊物、全国性学协会出版物）。

这两项计划面向所有可能藏有契合任一主题文献的机构。同样也不排斥特殊的双边或多边计划,数字化行为本身是所有数字化计划的核心,但并不是终点。从合作的视角来看,这样一项计划的关键,既在于前期共同筛选需要进行数字化的文献,更在于后期进行的多项推广活动(上线、通过 OAI-PMH 协议进行数字文献交叉检索,配套的编辑工作,文章编辑,在研究群体中的推广等)。对所有数字化项目而言,协同作战在可见性、使用及资源互补方面都起到了事半功倍的效果。

三、重点项目介绍

1. 罗盘地图数字化项目

航海图与罗盘地图集因其稀缺性而长期受到善本收藏家的青睐,目前研究界也正兴起新的研究兴趣。法国共藏有 650 幅罗盘图,约占全世界总量的四分之一,是收藏此类藏品最丰富的国家之一。法国国家图书馆 1828 年成立地图与航海图部,开始系统收藏此类藏品,共藏有约 500 件,其余百余幅藏品散落在三十余家收藏机构中(图书馆、档案馆、博物馆)。2011 年 3 月 17 日,法国国家图书馆联合这些收藏机构,就罗盘地图数字化项目召开了专门的研讨会。罗盘地图数字化项目的重点在于确定法国公共机构中收藏的罗盘图的所在地,并对它们进行精确描述,建立一个完整的数字专题库,配备相应的应用工具。截至 2011 年,法国国家图书馆已经数字化了大约 400 张航海图,大约也有三分之一的其他机构数字化了一张或多张航海图。制定协同数字化计划有利于专家之间经验交流,因为航海图这种特殊的品种对数字化的门槛要求很高,对揭示工具也有很多要求。数字化专题资源上线是让整个研究群体获取这些资源的最好方式,同时也是将这些分散的宝藏推介给大众读者的最佳方式。

2. 一战百年项目

欧洲数字图书馆(Europeana)在 2011 年发起了欧洲数字图书馆 1914—1918 馆藏项目。这项计划在法国主要涉及法国国家图书馆、斯特拉斯堡国家与大学图书馆、当代国际文献图书馆和国防部四个机构。该项目的在于使欧洲数字图书馆成为查找一战资料的第一站,整合关于一战的不同资源,创造一个高品质的一战资料库,其规模、质量和多样性都是现有在线资料库所不能比拟的。

公共图书馆篇

第六章　澳大利亚新南威尔士州立图书馆

第一节　图书馆概况与馆藏发展政策

一、图书馆的愿景、使命与核心价值

新南威尔士州立图书馆是世界领先的图书馆,图书馆拥有丰富的文献遗产收藏以及当代印刷与数字资源,并通过与公共图书馆网充满活力的合作使澳大利亚人能够探源我们的过去,理解现在和想象我们的未来。

1. 图书馆的愿景:

成为世界领先图书馆。对于社区,希望成为这样的图书馆:

- 卓越的和受欢迎的文化目的地
- 公认的优质用户服务与专家型职员
- 信息与文化更加丰富的创新途径
- 独特的与易于利用的馆藏
- 新南威尔士公共图书馆网的积极提倡者
- 知识创新的积极合作者

2. 图书馆的使命:

作为可信赖的优质信息服务的提供者,通过以下措施加强社区服务:

- 对当代与历史知识提供平等的利用
- 收藏与保存澳大利亚的遗产
- 提升作为文化目的地的作用
- 与新南威尔士公共图书馆网合作

3. 图书馆的核心价值和信念：

诚实、信任、服务、责任、平等利用、创新与守约

二、馆藏资源概况

新南威尔士州立图书馆是新南威尔士州人民的首要图书馆，图书馆馆藏资源记录中特别收藏了澳大利亚和大洋洲的文化遗产，是该州最有价值的固定资产之一。州立图书馆的主要学科优势是澳大利亚历史、文化和文学，包括土著研究、南极洲探索、家庭史和谱系学、商业和管理、社会科学、应用科学、传记、卫生与法律等。

实体馆藏：到目前为止，图书馆拥有 500 万件的馆藏，包括图书、图片、海报、小册子、乐谱、有声读物、地图、报纸、光盘、缩微胶卷和缩微平片、电影和录像、计算机软件、工具、录音、照片、建筑规划、钱币、邮票和其他物体①。如果按照固定资产估值，2015 年其价值为 31.5 亿美元②。

数字收藏：根据 2014—15 年度报告，该图书馆能提供 309 种内容丰富的数据集，其中 83% 的内容可为注册客户远程 24 小时访问。数字内容还包括 60 928 种现刊及回溯全文期刊、超过 414 000 在线图书以及大量的本地和海外的报纸③。此外，还有 400 000 张手稿、地图和照片的数字影像。这些馆藏既包含原生数字资源，也包括数字化内容④。

三、"馆藏发展政策"的主要内容

馆藏发展政策描述的是制定和管理图书馆的收藏战略。新南威

①　About the Library's collections[EB/OL].[2015 – 12 – 10].http://www.sl. NSW.gov.au/about/collections/index.html.

②③　2014 – 15 annual report[EB/OL].[2015 – 12 – 10].http://www.sl.nsw. gov.au/about/publications/annual_reports/slnsw_annual_report_2014 – 15.pdf.

④　Digital Collecting[EB/OL].[2015 – 11 – 22].http://www.sl.nsw.gov.au/ about/collections/digital.html .

尔士州立图书馆的馆藏政策自 1967 年第一次发布,以后随时代的发展而多次修改。目前最新的馆藏政策是 2013 年 4 月发布的,主要内容包括概述、目的、历史与发展、优先收藏、选择指南等。

1. 关于优先收藏

图书馆首要优先收藏的是记录从新南威尔士州时代发展到澳大利亚时代的文献,建立一个能反映新南威尔士州在澳大利亚和国际背景中的文化遗产的馆藏。为达到此目标,要广泛收集有代表性的出版物与原始资料,包括产生在新南威尔士州、澳大利亚的稀有印刷资料,并通过国际上的深度收藏来补充馆藏发展重点。

馆藏政策更强调内容,而没有特别关注载体。这就表明图书馆可以收藏任何时候的任何载体的资源,既包括电子载体,也包括纸质载体。

2. 资源选择指南

图书馆应用的资源选择指南如下:

(1)产生在新南威尔士州的资料:

● 法定呈缴。商业或私人出版的资料在 1879 年版权法的规定下购入纸质载体。

● 新南威尔士州政府出版物。根据总理备忘录第 M2000-15 号"出版信息利用——法律、政策和指南(图书馆呈缴)"收藏。

● 当需要购入副本时,优先数字载体。

● 图书馆将继续加强收集新南威尔士州出版的数字载体资源和原始资料。

● 有选择性的收藏即时出版小册子。

(2)产生在澳大利亚的资料(不包括新南威尔士州)

● 图书馆收藏对澳大利亚有重要意义的商业出版印刷资料

● 当需要购入副本时,优先选择数字载体。

● 澳大利亚外自助出版的资料,如果内容与新南威尔士州有关或整体对澳大利亚有意义,需要入藏。

● 图书馆将继续增加收集在澳大利亚出版的数字资源和原始

资料。

- 产生于新南威尔士州以外的即时出版小册子一般不予入藏。
- 对于各种版本的回溯或复制的资料,如果目前还没有复制馆藏或能提高已有馆藏资料的质量可以有选择地收藏。
- 图书馆有选择地收藏原始资料,包括艺术作品和教学用品,和相关内容的稀有印刷资料。相关内容主要包括记录有关对欧洲发现、探索和定居澳大利亚、西南太平洋和南极洲的文献或提供历史背景的文献,和与新南威尔士州有关的历史、生活、文化和人民的成就有关的文献。

(3)澳大利亚以外的资料

- 图书馆有选择地收藏原始资料,包括艺术品与教学用品,和稀有的印刷资料,这些资料记录了欧洲发现、探索和定居澳大利亚、西南太平洋和南极洲,与新南威尔士州的历史、生活、文化和人民成就等有关的方面,或提供了相关的历史背景。
- 有选择地入藏与新南威尔士州或澳大利亚有关的回溯资料。
- 海外出版的有关新南威尔士州、澳大利亚或澳大利亚人的资料,收藏其原始出版语言版本。
- 入藏在海外出版的澳大利亚人为主要著者的任何语种的不同版本的作品,可不考虑出版年。
- 入藏获得特别奖项的小说,目的是为了与澳大利亚的作品对比。
- 图书馆要收藏国际出版的资料,来满足新南威尔士州人民的信息需求,如果出版时间超过3年,一般不再入藏。
- 数字载体优先于印刷载体。
- 馆藏学科的密度,由用户利用率和馆藏优势决定。
- 非澳大利亚的小册子、教材、技术手册和普通小说不予入藏。

(4)外借资源和在高利用率领域支持公共图书馆的资源

- 收集大字体印刷品和有声读物来支持印刷品的不足。
- 收藏不是英语的某种社团语言的资料来支持多元文化的

社团。

这个采访政策是图书馆所有资源收藏的依据,是图书馆制定其他数字化政策,数字资源收集政策的基础。

第二节　馆藏资源数字化政策

一、馆藏数字化的目的

新南威尔士州立图书馆数字化项目的目的是建立、管理藏品的数字影像,并使其能通过图书馆的网站利用,使世界范围都能利用本州和国家的最具有标志性的、历史重要的文献。数字化能通过增加网络检索改善图书馆的服务,也能通过减少手工操作,帮助保护那些有价值的、易损毁的馆藏。

二、资源数字化政策标准

1. 从内容上看,首先,优先数字化的资料是记录新南威尔士州生活的资料,对本国文化遗产有贡献的资料;对澳大利亚有重要影响的国际收藏也会被考虑。其次,优先数字化本馆独有的遗产资源。

2. 从载体上看,包括但不限于:印本图书、报纸、杂志、小册子、地图、口述史、手稿,图片收藏和搜索工具。经过馆藏专家确认的最需要的、易损毁的和价值高的馆藏品优先数字化。易损毁的藏品包括照片底片和玻璃板底片以及录音磁带等。易损毁的藏品承载的信息和内容会被优先保存。

三、数字化项目

1. 项目概况

州立图书馆的数字化战略将巩固其作为数字资源中心的世界领先地位。州立图书馆正在发起馆藏数字化项目——"优秀内容数字项目"(Digital Excellence Program)。该项目由新南威尔士州政府出资,将帮助图书馆数字化其最有标志性的、有风险的、非常有价值的藏品以及全面更新图书馆的基础设施和系统。在这个为期十年数字化项目中,开始的前五年将提供 48 600 000 美元资金。这将把图书馆从澳大利亚最受尊重与最有价值的图书馆变成一个因数字资源优秀而国际知名的图书馆。

该项目将会以澳大利亚前所未有的规模建立和保存数字资料。在未来的十年,大约 2000 万个馆藏影像或页面数字化,相当多地增加了全球可利用图书馆馆藏资源,而且对地区和特别是创新产业提供主要的益处。

2. 项目内容①

该项目包括:约 1000 种第一次世界大战日记、150 000 重要历史与文学文献、500 000 多幅收藏的照片影像资料、600 万页的新南威尔士州报纸、国际和澳大利亚地图;以及 40 000 件有关小块土地划分的规划图(主要指地产地图,是地图馆藏的一部分,大部分产生于 1860—1930 年间)、图书、海报和即时刊行物;包括来自 David Scott Mitchell 特藏的 40 000 件藏品、徽章和钱币,和 Dixson 钱币学特藏,100 000 件肖像、风景和自然史藏品,10 000 小时的录音。这些资源都是图书馆最具特色的亮点资源。

3. 特色数字化项目介绍

(1)霍尔特曼馆藏数字化项目(Holtermann Collection Digitisation Project):

该项目计划数字化记录 19 世纪 70 年代淘金热时期的新南威尔士州和维多利亚州的 3500 张玻璃底片。Holtermann Collection 包括 3500 张大小各异的湿玻璃底片,由 Holtermann 的两个摄影家 Charles Bayliss 和 Beaufoy Merlin 在 1871 至 1876 年制成。其中有两张长达 1

---

① PIGITISING THE LIBRARY'S COLLECTIONS[EB/OL]. [2016 – 04 – 20]. http://www. sl. nsw. gov. au/research-collections-building-our-collections/digitising-librarys-collections.

米多(1.36m×0.95m)的玻璃底片,这两张底片于1875年制成。该项目将整理、保存、安置和保护易损毁的玻璃底片。每张玻璃底片将被扫描来制作成高分辨度的数字图片。底片展现的是从Lavender湾观看悉尼港(Sydney Harbour),从花园岛(Garden Island)到米勒角(Millers Point)的景象。这些数字化馆藏底片将在图书馆的网页提供浏览。

(2)路德维希·莱卡特(Ludwig Leichhardt)收藏:

与探险家路德维希·莱卡特(1813—1848)有关的收藏品数字化项目。包括书信、笔记本、日记、收据、账目,一本圣经和一个据认为是他用过的望远镜。特别是该馆藏包括"路德维希·莱卡特文集1837—1844,V1"(Ludwig Leichhardt papers,1837 - 1844,Vol. 1),有记录他旅行经过的地区的植物、地理、位置等内容的描述。

(3)一战日记:

图书馆已经完成1400种一战日记及与此相关的照片、地图、报纸和海报等文献的大规模数字化。数字化日记将作为纪念一战百年的大型项目的一部分。该项目数字化了大约160 000页日记,并通过网络免费提供给公众。

(4)大卫·斯科特·米切尔(David Scott Mitchell)收藏:

图书馆已经完成了大卫·斯科特·米切尔收藏的大规模数字化,约130万页,约相当于4500本书。为了保存这些资源,选择数字化的资源得到了图书馆的许可。而且在数字化过程中,由专家使用特殊的数字化设备处理。

第三节　原生数字资源的采集

一、原生数字资源的概念与范围

原生数字资源指以数字格式产生的,并且通过数字设备获取的资料。简单说,其实就是直接诞生在网络上,通过网络传播、利用的资源。随着网络的发展,原生数字资源的种类不断发展壮大。根据术语表①,目前被称为原生数字资源的有二十多种,包括但不限于:博客(blog)、计算机合成建筑图(computer-generated architectural plans)、计算机合成地图(computer-generated maps)、数字艺术(digital art)、数字文档(digital documents)、数字电影脚本(Digital film footage)、数字媒介(digital media)、数字报纸(digital newspaper)、数字照片(digital photographs)、数字连续出版物(digital serials)、数字音频记录(digital sound recordings)、数字故事(digital stories)、动态数据集(dynamic data sets)、电子书(e-book)、电子档案和记录(electronic archive and records)、电子邮件(e-mail)、脸书(facebook pages)、网络电视(Internet-disseminated television)、移动应用(mobile applications)、口述史(oral histories)、静态数据集(static data sets)、文本消息(text messages)、推特订阅(Twitter feeds)、网络漫画(webcomics)、网站(web sites)等。

二、图书馆的原生数字资源收藏概况

新南威尔士州立图书馆从 1996 年就开始参与澳大利亚国家图书馆发起的"网络文献资源保存与利用项目"(Preserving and Accessing Networked Documentary Resources of Australia 简称 PANDORA),此后一直致力于原生数字资源的收集,而且是图书馆资源建设的重要内容。图书馆的原生数字资源收藏主要包括电子书、数据集(data sets)、电子艺术、电子录音、电子媒体和个人电子档案。

截至 2013 年 12 月 31 日,该图书馆的原生数字资源的收藏情况如下表②。

---

① Digital Collecting Framework[EB/OL].[2015 – 11 – 06]. http://www. nsla. org. au/sites/www. nsla. org. au/files/publications/NSLA. Digital_Collecting_Framework_2013. pdf. appendix two.

② Digital Collecting Strategy,2014 – 15 and 2015 – 2016[EB/OL].[2015 – 11 – 06]. http://www. sl. nsw. gov. au/about/policies/docs/Digital% 20Collecting% 20Strategy% 20version% 201. 0% 20-% 208% 20December% 202014. pdfP6.

资源类别	数量	资源描述
原生数字图书	3277 种	从 2012 年开始购买,2722 种为澳大利亚出版社出版,555 种来自英美。电子书格式为 ePub 和 PDF
原生数字口述史	200 种	从 2010 年开始收集口述史采访,是优先收集的资源
原生数字手稿和档案		在混合载体馆藏中,藏有一系列数字档案资料
原生数字图片	1943 张	从 1999 年开始收集
原生数字社交媒体	6 662 585 例（截至 2014 年 1 月 14 日）	与 CSIRO 合作,利用一个新型工具 Vizie 来收集。具体内容:Twitter:94.6% ;news:2.3% ; facebook0.9% ; video0.6% ; blog 0.6% ;picture0.5% 等
PANDORA 项目	12 890 例	从 1996 年年开始,新南威尔士州政府出版物占 80% ,其他资料包括网页、期刊、地图、地方委员会出版物

三、"数字收藏战略 2014—15 和 2015—16"

新南威尔士州州立图书馆 2014 年 11 月发布了"数字收藏战略——2014—15 和 2015—16"①,主要是对图书馆原生数字内容的采集进行指导。主要内容有五部分:战略目标、数字收藏战略、战略背景、战略优先收藏、管理与责任等。下面就该文件的主要内容进行简要介绍。

---

① Digital Collecting Strategy,2014 - 15 and 2015 - 2016［EB/OL］.［2015 - 11 - 06］. http://www. sl. nsw. gov. au/about/policies/docs/Digital% 20Collecting% 20Strategy% 20version% 201. 0% 20-% 208% 20December% 202014. pdf.

1. 战略目标

图书馆的战略目标是世界领先的图书馆和卓越的数字中心,在新南威尔士州、澳大利亚、全球都是最吸引人的网络资源。

图书馆的"数字收藏战略"对图书馆的两年的时间表 2014—15 和 2015—16 的数字内容收藏方法提供战略指南。图书馆收藏今天的数字内容对将来为用户提供服务的能力来说是关键的因素,是用户第一时间得到信息的潜在因素。

2. 数字收藏战略

图书馆的数字收藏战略认为:

● 在图书馆"馆藏发展政策"管理下进行数字内容的选择决策。

● 在 21 世纪快速发展的数字环境,数字收藏战略是具有转折性的。

● 应该制定与存取和保存规定有关的决策,在馆藏选择时,如果可能,应该与国家或国际标准一致,最好保证图书馆的馆藏将会被保存完好且能为后代利用。

● 数字内容的本质与该内容创建和提供利用的方法已经改变了图书馆馆藏的方法,因此数字收藏战略涉及来自网络与社会媒体渠道的原生数字资料,以及图书馆通过许可和其他渠道,比如开放存取提供的内容。

图书馆关于数字收藏的四大战略优先权是:

(1)数字馆藏将是有目标的和有选择的,全面入藏新南威尔士州的资料被认为是不可行的。2014—14 和 2015—16 的重点类型如下:数字手稿、数字照片、数字口述史、社交媒体内容、整个域名收割、电子书、电子刊(包括时事通讯)、预印报纸等。

(2)图书馆将继续努力建立法律与政策工具,这将促进新南威尔士数字文献遗产的收藏。

(3)将继续发展员工能力与基础设施容量以确保图书馆能够利用新载体、新技术和非计划的馆藏机遇。

(4)要发展促进馆藏管理、存取与保存的基础设施,执行有关战略和政策,以确保记录新南威尔士生活的数字内容被采集、维持并保存到将来。

3. 战略背景

这部分内容主要介绍了制定"数字收藏战略——2014—15 和2015—16"的缘由和与其他政策或机构,如"馆藏发展政策"、资源数字化政策、澳亚国家和州立图书馆联盟等的关系。

图书馆的"馆藏发展政策"描述定义和管理图书馆的各种载体类型采访战略的原则。"馆藏发展政策"特别关注的是"内容",而非特殊的载体。这个原则使馆藏在任何时候都能入藏当前的载体来促进馆藏,无论是数字的还是类似纸质的。图书馆的馆藏通过法律呈缴、购买、捐赠、调拨和各种形式的内容遗赠。

已有馆藏内容的数字化的核心是图书馆的"优秀内容数字项目"(Digital Excellence Program),这不在该"数字馆藏战略"的范围之内。图书馆已经在这个目的为提升全球检索图书馆的丰富遗产馆藏量的数字化项目上取得了重大进展。通过"优秀内容数字项目",图书馆也会重新启动数字资产管理系统与仓储来确保数字化资料的存储和永久保存。数字收藏战略的许多行动将加强或通过基础设施更新使"优秀内容数字项目"更加可行。

"数字收藏战略"的重点是图书馆对原生数字内容的采集。收藏原生数字内容对大多数图书馆来说是相对比较新的事情,在未来将是潜在增长的领域。

图书馆与澳亚国家和州立图书馆(the National and State Libraries of Australiasia,简称 NSLA)联盟在"数字收藏框架"协议下共同收集原生数字资源。NSLA 的数字资源收藏原则总结了以那种方法收集原生数字资源。图书馆采用了 NSLA 的原则,反映在战略优先和战略行动计划中。

4. 馆藏的战略优先点

这部分内容主要是对上述第二部分"数字收藏的四大战略优先"内容的进一步详细的解读。

战略 1：图书馆的首要战略收藏是有关新南威尔士州生活的资料。

与图书馆的"馆藏发展政策"采访标准一致，图书馆将收集、存储、保存、揭示那些记录新南威尔士州生活的数字内容，并提供有代表性的数字内容样本服务。

（1）新南威尔士州政府资料。根据总理备忘录第 M2000-15 号"出版信息利用"，确立了图书馆在本州政府出版物的利用以及为将来研究而保存中的作用。

（2）自助出版资源的商业出版物。收集本州文献遗产的责任要求图书馆发起收集数字内容的行动，在当前版权法的范围内创立新的模式把内容提供给用户，而且确保法律文件在将来收集这些内容的有效，尽管此时还没有法律授权收集商业出版的数字内容，例如电子书、连续出版物、报纸和时效出版物。

（3）未出版的数字资源。收集原生未出版数字资源面临着挑战。这其中包括复杂的利用与管理权问题，混合载体馆藏的安排与揭示以及可能包括不同文件类型的大馆藏的归档命名协议等。

（4）社交媒体内容。社交媒体是最不稳定而且瞬息即变的收藏领域，有些内容仅有几个小时的寿命。

（5）社群产生的内容。社团产生的内容来源于新南威尔士州社团个人成员的贡献，包括但不限于：他们的故事、图片、评论、标识和知识，范例、给未描述的照片提供的说明文字。

战略 2. 确保法律和政策手段（工具）授权收集。广泛收集新南威尔士州出版物建立在商业出版与政府信息的呈缴上。呈缴依据两个文件来强制执行：1879 年版权法（新南威尔士州）[Copyright Act1879（NSW）]的法定呈缴条款，SS5 - 7；总理备忘录第 M2000-15 号"出版信息利用"（Premier's Memorandum No. M2000-15，Access to Published Information）——法律、政策和指南（图书馆呈缴）。因这两个文件都没有涉及数字资源呈缴问题，考虑到原生数字出版的增长，应加强数字资源呈缴问题的评估。图书馆应该：

（1）主动推进数字法定呈缴法规的介绍。

（2）与总理和内阁的机构保持沟通，并且对相关的备忘录提供主要的研究。

战略3：要持续发展员工能力，以便能成功适应可持续发展的数字采集流程。

作为优秀的数字化发展中心，需要一个有活力的、业务熟练的工作团队。图书馆的员工需要不断地培训和发展来保持在利用新载体、新技术和突发馆藏机会时的工作经验和信心。

战略4：与资源相适应的，特别是促进馆藏管理、利用与保存的基础设施。

在"优秀内容数字化项目"（Digital Excellence Program）中的主要项目是升级基础设施来促进收藏、保存、管理和数字馆藏内容的利用。升级包括图书馆系统设施项目（Library Systems Infrastructure Project，即LSIP）和网络和在线系统设施项目（Web and Online System Infra-structure Project，即WOSIP）。

LSIP的主要成果将是促进内容管理，包括不断增加的数字内容，通过一个包括出版内容和档案的管理、数字资产管理、数字保存和资源发现等方面的集成系统来实现。项目对数字收藏战略提供可持续的支持，主要针对图书馆在发展政策、商业规则、采购的方法和程序、管理和利用以及保护数字内容等方面的基础设施和系统。

WOSIP涉及设计、发展和运行图书馆新网站。数字收藏战略能利用这个基础设施升级与电子出版物、社团创立的内容、社交媒体内容等呈缴有关的活动发布。

健全与灵活的基础设施将会使研究者分享、参与和探索图书馆的馆藏，并加强图书馆作为优秀数字中心的地位。

5. 管理与责任

确保图书馆数字资源收集行动的公开透明，并发布积极的内容收集和利用战略是加强图书馆数字资源收集行动的基础。

第四节　对外合作项目

一、PANDORA 项目

1. 项目概况

PANDORA 是该项目的使命是"保护与利用澳大利亚网络文献资源"由澳大利亚国家图书馆在 1996 年发起,目前与其他 9 个澳大利亚图书馆和文化机构协作进行,新南威尔士州立图书馆是其中之一。经过 20 来年的发展 PANDORA 原生数字资源收藏总量已经比较可观,下表是截至 2015 年 10 月 26 日的统计数字①。

	本月	上月	月增长量
存档的题名种类(Number of archived titles)	43 538	43 330	208
存档的实例数量(Number of archived instances)	116 913	115 901	1012
文件数量(Number of files)	354 813 875	347 258 081	7 555 794
数据大小(Data size)	17.75 TB	17.34 TB	

说明:一个存档的实例是一次捕捉,或是一个已经加入到存档的题名的一个版本。为了抓取已经变化的内容,很多题名被存档不止一次。例如,当连续出版物增加新的一期,每一期新内容就被作为一个存档实例。

根据新增数量统计,2015 年 9 月 1 日到 2015 年 10 月 31 日,新南威尔士州立图书馆新增存档的题名有 119 个②。

---

① Statistics as at 26 October 2015[EB/OL].[2015－11－06].http://pandora.nla.gov.au/statistics.html.

② PANDORA:Newly Archived Titles:1 Sep 2015－31 Oct 2015[EB/OL].[2015－11－07].http://pandora.nla.gov.au/newtitles/new_oct15.html.

2. 参与 PANDORA 的采集原则

PANDORA 项目的每个成员都制定了本馆的采集指南①。新南威尔士州参与 PANDORA 项目最新的采集原则是 2013 年发布的。

采集原则:图书馆收集产生于新南威尔士州的资料。图书馆的目的不是收集所有新南威尔士州的网络出版物和网页,而是选择一些认为有重要意义的和有长期研究价值的资源。具体内容如下:

● 政府出版物。根据总理备忘录第 M2000-15 号"出版信息的利用——法律、政策与指南",图书馆仅仅存档在网络上发布的新南威尔士州政府出版物的 PDF 版。

● 政府网站。图书馆存档满足以下条件的新南威尔士州政府网站:在年度报告和其他出版物里没有的,提供有关功能、项目、研究重要的信息。

● 非政府资料。图书馆存档的非政府资源要满足以下标准:由特殊利益集团,如游说、施压团体产生的有关公共辩论和当前重大问题的资源;与特定问题或重要事件有关的,例如百年、战争,新南威尔士州政府选举等。

此外,根据合作协议,不收集已经由其他机构存档的内容,除非是直接与新南威尔士州有关的。

因此,PANDORA 项目中新南威尔士州立图书馆主要负责有关本州内容的网络资源,这与其采访政策相一致,体现了保存本州文化遗产资源的职责。例如,有关新南威尔士州选举的资料历来是图书馆收集的重点。对于 2015 年的新南威尔士州选举,利用 PANDORA 和 Archive-It 收集了 1100 多个关于本次选举的网站,包括候选人、政党、利益集团和媒体评论人的 Facebook 和 Twitter 网页,以及 YouTube 上的资料。PANDORA 收藏的 298 个网站在数量上是有关州选举网站的最多的,是 2011 年新南威尔士州选举的两倍。要检索 PANDORA 收藏

---

①　Selection Guidelines[EB/OL].[2015 - 11 - 07]. http://pandora. nla. gov. au/guidelines. html.

的网站,可以通过网址 http://pandora. nla. gov. au/col/13262① 访问。

二、NSLA 联盟

1. 联盟概况

NSLA 联盟英文全称为" the National and State Libraries of Australasia",简称 NSLA,可译为"澳大拉西亚国家和州立图书馆联盟"。该联盟是澳大利亚和新西兰图书馆合作组织,有 10 个成员单位,主要包括澳大利亚的各州立图书馆、地区图书馆、澳大利亚和新西兰国家图书馆。这些成员单位都是其所在地区的文化中心。NSLA 是代表这些图书馆发出共同声音的实体,尊重和欣赏各成员不同的环境和优势,要成为一个领先世界的图书馆领域的合作体,为澳大利亚和新西兰人民提供财富。

2007 年 NSLA 发表了声明——"大爆炸,创造新图书馆世界",提出要增加成员之间的合作,加快图书馆的转变,特别是在新型数字服务、加工和基础设施方面。表达的主要观念就包括,"数字是主流"②。此后,NSLA 又发布了一系列的文件,如 2012 年的"重构图书馆——2012—2016"("Re-imagining Libraries 2012—2016"),2013 年的"数字收藏框架"(Digital Collecting Framework),2015 年的"领先合作,2015—2017 战略计划"(Leading Collaboration, Strategic plan 2015—2017)等。

2. "数字收藏框架"的内容

2013 年 NSLA 通过的"数字收藏框架"是一个专门指导成员馆收集原生数字资源的文件。此前,都是由成员馆独立完成这项工作。该

---

① Library of Council of Nsw 2014 - 15 Annual Report[EB/OL]. [2016 - 01 - 01]. http://www. sl. NSW. gov. au/about/publications/annual _ reports/sl. NSW _ annual_report_2014-15. pdf.

② History and background[EB/OL]. [2015 - 11 - 06]. http://www. nsla. org. au/history.

框架的内容主要包括①:制定背景、关于各图书馆数字收藏的评估、指导原则和法定托管、收藏内容、收藏方式等。

经过调查,NSLA 成员采集原生数字资源的类别主要有:数字照片、数字档案、网页收割内容、数字手稿、电子录音、静态数据集、动态数据集、数字艺术、数字视听资料(电影、音乐、和数字故事)等。

"数字收藏框架"最重要的内容是制定了 NSLA 图书馆在收集原生数字资源时遵循的一套指导原则。这包括 7 条综合原则,5 条与图书馆实践相关的原则。这些原则有助于引导在原生数字资源收集时的日常行动。

这套原则概括了 NSLA 图书馆将要采集原生数字资源的内容、方法,适用于 NSLA 图书馆在文化遗产馆藏中永久保留独特的原生数字馆藏的采集。7 条"原则"的具体内容如下:

(1)数字收藏要和各图书馆的馆藏政策协调,根据采用该原则的各个图书馆的实际情况,在重要性、研究价值、地理覆盖范围和立法要求等方面来决策采集的内容。

(2)在 NSLA 图书馆与其他收藏机构合作时,要求建立健全的数字收藏来满足用户的信息需求。

(3)在数字收藏时,时间是极其重要的。数字收藏要求图书馆在采集数字资源时要主动出击,而不是被动等待。现在图书馆主动收集原生数字资源,就能避免将来在我们文献遗产方面的黑洞。

(4)协商合适的权利管理是数字收藏的关键步骤。版权问题、知识产权、道德权利、文化协议、传播与使用(可能的和必要的范围),要在采集时就协商,而不是回溯。在数字收藏时应用适当的权利不应该成为其采集,检索或利用的障碍。

(5)在政策、程序和技术建立过程中,原生数字收藏在短期内易被

---

① Digital Collecting Framework[EB/OL]. [2015 – 11 – 06]. http://www. ns-la. org. au/sites/www. nsla. org. au/files/publications/NSLA. Digital_Collecting_Frame-work_2013. pdf.

攻击。我们保证把数字馆藏存储在安全的数字仓库,而且通过保存与技术基础设施的可持续实践,使其在长时期内可持续利用。

(6)要在国际公认的最佳实践的标准与指导原则下,进行数字资源的采访、存储、保存、揭示和提供利用,提高其可发现性、检索和使用。我们力求达到技术与社会的协同工作的能力,并保证链接到开放数据。

(7)通过执行危机管理战略与源头机构(可行的话),将确保数字馆藏的可靠性与完整性。

与这7条原则相对应,NSLA还制定了5条操作性的内部原则。NSLA图书馆承认在建立、试验与评估数字收藏过程中,短期内可能是非常花费时间和人工。不管怎样,持续不断的数字领域收集将会提供中期(3—5年)、长期(5年以上)的机会来完善流程,并使服务与程序自动化。为此,NSLA图书馆将会:

(1)以充足的和适当的人员、培训、资源、技术和保存来支持数字收藏。

(2)通过遵守那些能确保可持续的可获取性和可利用性的标准、指南、政策与程序,确保数字馆藏的完整性。

(3)继续跟踪和应用必要的、新兴的技术和标准。

(4)在采访决策过程中考虑技术问题时,将不允许以"图书馆的收藏技术能力""太困难"为借口,而没有收集数字资源。

(5)与公众、政府、其他文化遗产机构和其他合作者交流图书馆的数字收集行为,获取资金来源。

该文件的其他内容还包括:

法律问题:对于大多数NSLA图书馆,法律呈缴法已经解释为授权收藏已出版的原生数字资源。对于NSLA图书馆图书馆,按照这项法律规定的收藏占了所有数字入藏的大部分。

内容与收藏政策。NSLA成员图书馆赞成数字馆藏与实体馆藏和类似馆藏同等重要。在决定原生数字产品入藏时,要依据内容,而不是载体。据"原则1"中提到的采集的内容要根据重要性、研究价值、地理覆盖范围和法定要求。各个成员图书馆要根据自己的馆藏发展政策制定具体内容,因此具体收藏内容参见各图书馆的馆藏发展政策。

收藏方式。图书馆通过多种方法收集资源,最基本的是通过捐赠(公众成员、组织、商业机构;遗赠和文化礼品等),购买(私人出卖、拍卖、出版社的长期订购)以及法律呈缴。原生数字资源收藏,在类型、载体和质量上各异,对捐赠者/销售者和工作人员提出了很多问题。

为帮助捐赠者和呈缴者来搜索他们的程序,在每个 NSLA 图书馆的网页上应提供一套指南和表格,列出示范操作。"个人数字存档工具包"就是数字资源捐赠的过程指南。在 NSLA 成员馆的网址都有。主要内容如下:

● 数字采集概况:包括哪些内容收藏,哪些内容不收藏,和采集程序。

● 格式:赠予证明书,如何完成赠予证明书;单项列表,如何完成单项列表。

● 捐赠程序:有关文档格式和分辨率的建议,完成赠予证明书和单项列表的指南,有关这些资料在图书馆会可能发生的事情的综合信息,查询表格——通过 Reftracker 或类似工具在线提交的表格,或通过邮件或电子邮件。

"数字收藏框架"是 NSLA 的一个重要文件,对其成员国有重要意义。正是在这个文件的基础上,新南威尔士州立图书馆制定了"数字收藏战略——2014－15 和 2015－16"。

第七章　美国旧金山公共图书馆

第一节　旧金山公共图书馆概况

一、馆舍概况

美国的旧金山公共图书馆(San Francisco Public Library,SFPL)是以服务旧金山市民为主的公共图书馆系统,它是由位于市中心的总馆以及 27 个均匀分布在各个社区的分支图书馆共同组成。总馆的历史已逾130 余年,目前的新馆建筑位于市政大楼正前方,是著名美籍华人建筑设计大师贝聿铭设计的作品,总耗资 12 500 万美元,于 1996 年完工。建筑主体有五层,建筑风格古朴纯真,外观融合了传统建筑艺术和现代建筑艺术特色,既气势宏伟,又极富艺术氛围,营造了亲切舒适的氛围。图书馆按照富有特色的主题分为环保中心、新识字环保中心、国际语文中心、商务科学与技术等许多个中心,各中心除了进行各主题的阅览还组织各种活动,此外还拥有计算机培训中心、学习室、实验室、研究室等。据 2015 年统计,有公共电脑 827 台,供借用的笔记本电脑354 台。

旧金山公共图书馆面向所有公众开放,是提供社区文化服务的一个重要场所,深受本地公众欢迎。它也间接促进旧金山市的经济发展,据旧金山官方调查研究,每给图书馆投入一美元,可收到 5.19 到9.11 美元的经济回报,照此计算,目前旧金山公共图书馆给旧金山市提供33 亿美元直接或间接的经济效益回报。

二、馆藏概况

旧金山公共图书馆是提供社区文化服务的一个重要场所,面向所有公众开放,是美国加利福尼亚州北部最大的图书馆,也是美国知名的大型公共图书馆,其社区服务的数字化建设走在全美的前列,是美国排名前十的千兆图书馆,也是美国第一个有中文数字网站的公立图书馆。据旧金山公共图书馆 2014—2015 年报的统计,该馆各种文献馆藏总量 3 671 633 种,其中主馆馆藏 1 973 623 种,分馆馆藏 1 419 651种,电子馆藏 278 359 种。文献类型包括书本、录像带、期刊、音乐磁带、CD、时事通讯以及乐谱、电子文献等。旧金山图书馆总的文献财政投入有 10 950 万美元,图书类文献当前的资金预算达 1160 万美元,占总文献经费的 10.6%[①]。

三、读者利用情况

旧金山公共图书馆一年的用户总访问量(Total visits),以 2014—2015 年度为例,是 6 730 268 次,其中主馆访问量 1 802 627 次,分馆访问量 4 927 641 次。总流通量 10 670 184 册,电子馆藏使用量 258 853 册。近年来,电子馆藏的流通量不断上升,但纸本文献的使用仍占主流。在数字资源利用方面,目前一年有 1 157 758 个计算机用户访问,5 632 864 次访问图书馆网站,1 491 025 次无线网络会话。

第二节　馆藏发展政策介绍

一、馆藏发展政策

1. 图书馆使命宣言

旧金山公共图书馆明确支持美国图书馆协会的图书馆权利法案、自由阅读声明、自由观点陈述、道德规范以及图书馆员的核心价值观

---

① San Francisco Public Library ANNUAL REPORT by the Numbers · 2014—2015[EB/OL].[2015 – 12 – 02]. http://sfpl. org/pdf/about/administration/statistics-reports/annualreport2014-15print. pdf.

的声明。旧金山公共图书馆的使命宣言（SFPL Mission Statement）[①]是："旧金山公共图书馆系统是专门为读者提供自由和平等的机会，这些机会包括获得信息、知识、独立学习和阅读旧金山的多元化社会。"该馆的馆藏政策也遵守了这个宣言。

2. 馆藏发展政策概述

与其他公共图书馆一样，馆藏发展政策是支持旧金山公共图书馆正常运转的一个重要组成部分，它为旧金山公共图书馆馆藏资源的收集提供方向和指导发展计划。旧金山公共图书馆的目标是要为所有年龄段的公众提供高质量书籍和其他馆藏材料，这些馆藏内容形式多种多样，包含各种语言如英语、汉语、西班牙语、法语等。旧金山公共图书馆的宗旨是满足社区公众的实际需求。为了满足各种公众读者的获取知识的权利，旧金山公共图书馆认为馆藏内容的采选应该是包含各种观点在内的，甚至可以包括一些公众认为是有争议的内容，而不能只代表某种观点，这样才能满足不同人群的利益诉求。旧金山公共图书馆为所有用户提供馆藏服务，体现了图书馆自由和公平的文化服务理念[②]。

在选择馆藏内容时，图书馆采访工作人员通过专业的采选平台和规范的业务流程，利用自己的学科专业知识以及丰富的采选经验来进行判断、选择。同时，旧金山公共图书馆要求采访馆员主动征求读者的建议，认真梳理读者的实际需求以及主动寻找可以满足读者预期需求的图书。在有限的图书馆购书经费预算和图书馆的物理空间的双重限制下，重点加强对文化、文学、美学和教育等方面文献的采选。

在旧金山公共图书馆的使命宣言（SFPL Mission Statement）以及馆藏发展政策的影响下，旧金山公共图书馆提出了符合上述要求的馆藏

---

① SFPL Mission Statement［EB/OL］.［2015 – 10 – 10］. http://sfpl. org/in-dex. php？ pg = 2000006901.

② Collection Development Policy［EB/OL］.［2015 – 10 – 11］. http://sfpl. org/index. php？ pg = 2000007001.

采选标准,具体如下:

- 是否适合满足社区的需求
- 社区的利益诉求
- 较高的艺术性
- 文学价值
- 当地特色
- 技术质量
- 表现质量
- 作者的声誉和重要性
- 权威性
- 客观性
- 专业和大众媒体的评论
- 想法的原创性
- 永恒的价值
- 普遍需求
- 与现有的馆藏和其他主题文献的相关性
- 纳入到标准的或特殊的书目或索引中的题名
- 作者的技能、能力和目的
- 预算、成本和空间的考虑
- 现实意义和当前的有效性
- 物理载体的适用性
- 在其他图书馆的可利用性
- 旧金山公共图书馆只会购买或添加符合美国法律的物品(如版权、贸易法规)
- 旧金山公共图书馆明确支持美国图书馆协会制定的原则:图书馆权利法案、自由阅读声明、自由观点声明、道德规范以及图书馆员核心价值观声明。

3. 馆藏级别划分

(1)基本收藏:提供介绍性概述的文献,包括基本的参考资料,如字典、百科全书、特定版本的重要作品、历史调查资料、书目、手册和一些主要的期刊。图书馆员采访畅销书,其他一些当前流行的和受欢迎的资料、关于某主题的综合的作品。这些馆藏依据使用情况不断地剔旧更新①。

(2)支持级收藏:提供所有 1 级以及综合覆盖和理解某主题的文献,涵盖广泛的代表作品,包括一些有深度的主题。馆员采访与每个主题相关的参考书、书目和二次文献。这些馆藏的剔旧依据标题的意义和使用情况的变化。

(3)资源级收藏:提供所有 2 级及更广泛的文献,目前涵盖深入的和回顾性报道,适合广泛的公共图书馆用户使用。包括可购买的关于当前强调的某些主题的独立著作。图书馆员采访所有重要的参考书,多种选择的专业书籍和广泛收藏的期刊。这类馆藏的剔旧基于标题的意义,使用和维护现有馆藏的人力。

(4)全面收藏:提供所有 3 级和所有的公共图书馆用户的利用范围。从获取一般知识的入门作品到进行历史研究的重要资源。图书馆员采访所有重要的、当前能购买的特定的和有限的领域。所有的标题和资产都保留在非流通区域并重点保护保存,很少进行剔旧。

表格表示如下①:

等级(LEVEL)	1	2	3	4
流行和通俗类(Current and popular)	收藏	收藏	收藏	收藏
经典和有意义的类目(Classics and significant titles)		收藏	收藏	收藏

---

① San Francisco Public Library Collection Levels[EB/OL]. [2016 - 01 - 03]. http://sfpl. org/index. php? pg = 2000011501.

续表

等级（LEVEL）	1	2	3	4
有需求的回溯性资料（Retrospective materials if ongoing demand）		收藏	收藏	收藏
资源级的回溯性资料（Retrospective materials for resource level）			收藏	收藏
全面采购与保留类（Comprehensive purchasing and retention）				收藏

4. 影响优先馆藏的因素

许多因素决定了图书馆的优先馆藏，其中有下列这些①（并非按优先顺序排列）：

- 统计数据，如外借流通、到馆使用、数据库使用等
- 公众调查
- 需求
- 社区评估
- 咨询员工
- 人口变化
- 战略计划的目标
- 成本上涨
- 经常性成本
- 拨款限制
- 图书馆和社会趋势
- 载体的变化
- 内容传递的技术变化
- 收藏能力的变化，包括分馆、项目、设施和计划

---

① Materials Budget Allocation and Collection Prioritie［EB/OL］.［2016 – 01 – 12］. http：//sfpl. org/index. php？ pg = 2000011801.

二、电子资源建设政策①

1. 电子资源购买与许可

旧金山公共图书馆在其馆藏采访政策规划里,详细介绍了旧金山公共图书馆对于电子资源的采访政策。电子资源是指那些以数字形式进行存储和显示的,以及通过计算机和其他电子设备进行访问的内容。这些资源通常被称为数据库、在线内容、数字内容、数字资源、数字媒体等。旧金山公共图书馆收集各种电子资源,可能包括下列部分或全部:全文的杂志、报纸、期刊和其他连续出版物,以及数字参考文献、索引、摘要、图像,还有电子图书和电子媒体。

图书馆工作人员和读者可以在旧金山图书馆总馆和分馆,以及在图书馆外,都可以方便地利用电子资源,其中的一些电子资源还能够共享给加利福尼亚州的其他图书馆系统。

在采选电子资源时,图书馆采访人员除了按照采访标准进行操作之外,还必须考虑以下方面:

- 内容输出选项
- 内容范围
- 易用性
- 数据库试用反馈
- 并发用户数量
- 内容的所有权
- 可能的技术风险
- 与印本馆藏的关系
- 远程访问
- 技术可支持性
- 使用情况统计

---

① Electronic Resources Collections[EB/OL]. [2015 – 11 – 01]. http://sfpl. org/index. php? pg = 2000011401.

旧金山公共图书馆认为电子资源的收集的好处之一是它可以大大提高图书馆信息资源的访问能力。首先读者可以不用考虑它们的实际馆藏位置,就可以在馆内和馆外都方便地访问这些馆藏资源。其次,电子格式增强了图书馆资源的可用性,允许搜索引擎搜索,提高了交互性。此外,电子格式也有效增加了馆藏的深度和广度。相对于传统馆藏不时需要购买一些印刷资源的多个副本来说,电子资源没有副本的概念。但由于电子资源是一个不断变化的新生事物,所以对于电子资源的评价也是一个动态变化,不断发展,不断修改完善的过程。

2. 外部网站资源的采选

图书馆有时候可能需要链接到外部网站。旧金山公共图书馆在选购电子资源时,会应用标准的网络协议来链接外部网站。

除了上面章节谈及的选择标准,利用外部网站时,要如下注意事项:

- 用户全部或部分使用网站是否有额外的费用;
- 在其他所选择的网站或电子资源是否提供该内容;
- 清晰识别信息的提供者;
- 信息提供者的可靠性;
- 作者/所有者的联系方式 + 客户服务的方法;
- 准确和恰当的内容;
- 弹出式广告的使用;
- 商业化水平;
- 需要额外注册。

3. 馆藏数字化内容

除了一部分电子资源内容是从供应商购买的,其他旧金山公共图书馆电子资源的采选是从馆藏自身提供的,以便于图书馆在线访问和长期保存。图书馆数字化材料的载体很多,包括书籍、报纸、期刊、照片、手稿和档案材料、缩微印刷品和音像磁带和光盘等媒体。这些电子资源的数字化工作是由图书馆自身的工作人员或供应商来完成的,同时还包括相应的编目以及元数据的提供,以方便公共访问。

尽管图书馆使用的数字格式千差万别,但是选择和保留所有这些内容的工作流程是相似的,通常需要有以下三个流程:

(1)选择

进行数字化的资源内容应该是具有独特价值的,与当地的历史与政府相关的,读者喜闻乐见的,或者版权受到限制的。此外不易保存的脆弱文献、非流通的资源也是图书馆关注的,这些内容的数字化具有独到的意义,因为他们可以避免原物进一步恶化所带来的负面影响。

(2)保存和剔旧

旧金山公共图书馆认为,所有数字化材料应被视为长期数字资产,适当的保存的方式将确保他们的长期生存能力和转换到新的数字格式的能力。

(3)共享

旧金山公共图书馆坚持不断建立元数据标准,允许与其他机构进行共享,尤其是加利福尼亚的数字图书馆,目前加州本地历史数字资源项目,是供所有加州图书馆使用的,包括他们的标准与系统。

第三节　馆藏电子资源介绍

根据电子资源的采访政策,旧金山公共图书馆在其主页里提供的电子资源由以下12种专题资源组成,分别是文章和数据库、自建数字资源、电子书、电子书籍利用辅导教程、旧金山历史照片、视频、电子教室、电子书或有声书协助、电子有声书、电子期刊和电子新闻、Discover & Go、电子音乐。下面对其特色电子资源进行简要介绍。

一、文章和资料库①

在文章和资料库专栏中,为了方便读者检索,提供了 A-Z 的顺序资源列表以及关键词的站内搜索功能。从内容上讲,提供了从幼儿园到小学和中学的资源,还有健康、商业、图像与照片、大众、语言学习、政府、教育与社会科学、文章与新闻、书籍与文学、环境、历史与家谱、求职与职业、百科全书与字典、科学与技术、组织与机构、艺术与音乐,语言类别除了英文还有中文、俄文、西班牙文等。

二、自建数字资源

旧金山公共图书馆自建的覆盖范围广泛的数字资源主题,以供读者研究使用。它包括自传信息以及与旧金山市有关的资源,例如档案和手稿、旧金山市选票议案数据库、旧金山的建筑物、旧金山市政府、旧金山市历史图片汇集、讣告、死亡通知书、旧金山市重要记录等;包括一些艺术及表演艺术资源,例如湾区音乐家和表演艺术家索引、湾区艺术家和建筑师索引、剪报档案、多萝西・斯塔尔(Dorothy Starr)乐谱数据库、舞蹈资源、歌谱索引(流行歌曲乐谱)、北加州作曲家、管弦乐音乐集、流行歌曲搜索;还包括商业与科技资源,例如年度报告、创业资源、商标普通法资源、本地公司研究资源、市场研究资源、美国工业与贸易数据库;还包括美国公民入籍资源、同性恋者、双性恋者及变性人之信息、儿童及青少年阅读推荐目录、求职与职业、法律协助、修理与消费等,这些信息关系到社区公众生活的方方面面。

旧金山公共图书馆有一个特色数字化项目,就是旧金山历史摄影作品数字化。旧金山历史摄影作品集包含了旧金山及加利福尼亚从1850 年到现在的照片和作品,目前旧金山公共图书馆已拥有约 41 000 张图片可从图书馆的网站浏览和下载。这些照片代表了旧金山历史

---

① Articles and Databases[EB/OL]. [2016 – 02 – 19]. http://sfpl. org/index. php? pg = 2000028601&tab = subject.

主题收藏中最受欢迎的主题,包括街道、建筑、地震、集市、街道、桥梁、公园以及旧金山的名人等①。网站上有所有的数字化图片的主题列表,可以按照主题搜索图片,也可以按照地图上的区域去搜索。图书馆收藏的图像不断被数字化添加到网站上。如果点击"最新"页面,则可以看到近期数字化的图片。这些数字图片拥有每天上千次的浏览量。

虽然旧金山历史主题图片的收集是数字化工作首要的重点,但其他照片收藏也会被扫描,并提供在线服务。比如还有"旧金山附近的图片"的项目,添加了特别的在线画廊页面。只是旧金山之外的加利福尼亚州的照片目前大都还没有开始扫描。而照片之外形式的图片按目前的规则是不做扫描。

三、电子书②

旧金山公共图书馆提供的电子书,种类繁多,内容丰富,适合各年龄层读者的需求,包括关于计算机、科技、多媒体、商务、自助、职业技能及其他类别。

第一,适合儿童及成人的通俗电子书籍,通过阿帕奇360(Axis 360)平台阅读,该类收藏是以最流行的成人、儿童及青年人电子书为特点,涵盖丰富的儿童绘本和书籍。阿帕奇360适用于各种移动装置的APP,可以方便直接查找和借阅电子书籍,这些装置包括Android、iOS和Kindle Fire。阿帕奇360还提供使用窗口的桌面计算机的阅读APP。

第二,通俗的电子小说和非小说,可以通过Overdrive大量高速下载。读者可以下载电子图书到电子阅读器、iPad等手提装置中,包括

---

① Photo Collection FAQs[EB/OL].[2015 - 12 - 11]. http://sfpl. org/index. php? pg = 2000073201#not-online.

② eBook Collections[EB/OL].[2015 - 11 - 02]. http://sfpl. org/index. php? pg = 2000005001.

iPhone 和 Android 手机。

第三,计算机及信息科技书籍(Safari 网上科技书),提供网上全文书籍,读者可以在网上阅读超过 4000 项有关计算机、信息技术以及管理学的全文书籍。

第四,历史作品,可查看或下载旧金山的历史书籍,其中包括著名的城市目录和市政府报告。

第五,古典文学数据库,有超过 270 万本的免费经典电子图书可从互联网档案查看或下载,这包括世界各地六百多个图书馆中的重要作品。

第六,EBSCO 学术研究数据库中的非小说电子数据库,它包含数以千计的电子图书,涵盖古典文学、商业、科技和其他非小说科目。

第七,电子书籍与电子阅读器课程,读者通过学习利用图书馆网站在电子阅读器上免费下载电子书籍。

第八,小型、中型和独立出版社出版的电子书籍,它是一个由康特拉科斯塔(Contra Costa)县图书馆、湾区其他图书馆以及各种不同类型出版社共同创建的、由 Califa 资助的电子书籍阅读平台。藏书包括有小说类、非小说类的儿童及成人书籍。还包括由 Smashwords 出版的电子书籍。可下载到的阅读器或在网上阅读,适用于 ePub 型阅读平台。

四、有声电子书①

旧金山公共图书馆提供的电子有声书的内容主要是文学名著和流行小说、历史书、语言学习书、回忆录等。例如:第一,Hoopla 的电子有声书,读者可以利用移动式设备如:智能手机、平板计算机或是传统计算机观赏最喜爱的电影和电视节目。还有常见问题帮助页面,可帮助了解所需软件和其他细节。第二,Axis 360 有声书,Axis 360 提供流行小说和非小说类电子有声书,包括很多畅销作品。第三,Overdrive

---

①　EAudiobooks[EB/OL].[2016 - 02 - 19]. http://sfpl.org/index.php? pg = 2000077501.

电子有声书,下载电子有声读物到个人计算机。传送电子有声读物到各种手提式音频播放器,这包括 iPod 和其他苹果的许多装置。请仔细阅读快速入门指南,了解系统和软件的需求,搜索,检查和下载标题。那里还有一页是讲解常见的问题,为这个服务提供了许多基本问题的答案。

五、电子期刊和电子新闻①

通过旧金山公共图书馆的官方网站,可以快速查阅杂志、报纸和期刊,了解图书馆的馆藏。旧金山公共图书馆提供的电子期刊和电子新闻有以下三种:第一是图书馆的 Zinio,这堪称是世界最大的报摊和书店,多个用户可同时阅读无数量限制的网上期刊,且可在任何连接互联网的装置上使用。查阅和下载热门的数字杂志无须预约、无借出时间限制,也没有借出数量的限制。第二,SerialsSolutions 的"期刊搜索者"(Periodical Finder),通过图书馆订阅的数据库,阅读或打印网上全文期刊。第三是 Proquest 的"出版物展示"(PressDisplay),有来自一百多个国家、六十多种语言,两千多种的报纸,有当天的和过去六十天之内的文件。在总馆的"数字新闻中心"(eNews Center)和"报纸杂志中心"(Magazines & Newspapers Center),可用国家、标题或是日期进行检索。第三是龙源期刊的中文杂志,由中国大陆出版两百多种现在流行的中文杂志,同时有简体版和繁体版。

六、电子视频②

旧金山公共图书馆提供的视频资源有经典影片和电影、电视剧、音乐表演、旅游节目和纪录片。比如说,第一,由旧金山公共图书馆内

① eMagazines & eNews[EB/OL]. [2016 - 02 - 19]. http://sfpl. org/index. php? pg = 2000529001.

② EVideos[EB/OL]. [2016 - 02 - 19]. http://sfpl. org/index. php? pg = 2000034701.

表演及演讲等活动制作成的视频。第二,旧金山市及旧金山市立图书馆相关视频,第三,Alexander Street Press 的舞蹈视频、古典音乐视频、歌剧视频。第四,环保电影下载,它是由非营利电影公司 Green Planet Films 提供的电影下载网站,希望通过电影进一步提高人们的保护环境意识。

七、电子音乐①

旧金山公共图书馆的音乐数据库提供了诸多流行音乐的电子音乐资源,例如:第一,Hoopla 的电子音乐,读者可以利用移动式设备,如智能手机、平板计算机或是传统式计算机,观赏其最喜爱的音乐,图书馆提供了常见问题网页,可帮助读者了解所需软件和其他细节。第二,Alexander Street Press 音乐数据库,它为读者提供了丰富的种类可供选择,例如美国歌曲、古典音乐图书馆、现代国际音乐、爵士乐图书馆、网上音乐等。

---

① eMusic[EB/OL].[2016 - 02 - 19].http://sfpl.org/index.php? pg = 2000034601.

大学图书馆篇

第八章　牛津大学图书馆

第一节　牛津大学图书馆概况与战略

一、牛津大学图书馆概况

1. 图书馆的使命

牛津大学图书馆的使命是提供优质的服务来支持牛津大学的学习、教学和科研目标；并且为了学术与社会的利益，发展并维护牛津的独一无二馆藏。

牛津大学图书馆，是英国第二大图书馆。1602 年正式建立于伦敦西北的牛津，其历史可追溯到 14 世纪。牛津大学是举世闻名的欧洲学府，而牛津大学图书馆也由此成为世界著名的学术研究图书馆。

当前，牛津大学图书馆是一个集团，包括主图书馆——博德利图书馆，以及其他 30 多个主要研究图书馆、研究所、系等机构图书馆。博德利图书馆是有 400 多年接受法定呈缴的图书馆。如此庞大的图书馆体系在英国是首屈一指的，这也使得其浩瀚的馆藏数量位居英国前列，仅次于大英图书馆。

2. 图书馆馆藏资源概况

牛津大学图书馆的实体资料约 11 746 808 册(不含档案和手稿)，档案和手稿的总长度约 25 314 米①。其中包含现代人文、期刊、自然科学、善本等，牛津大学图书馆馆藏不仅数量庞大，且大多为珍贵资

---

① Annual Report 2013 – 14［EB/OL］.［2016 – 02 – 24］. http://www. bodleian. ox. ac. uk/＿＿data/assets/pdf＿file/0005/194774/BodleianLibraries＿AnnualReport13_14. pdf.

源,是世界上收藏书籍和手稿最多的图书馆之一。该馆在东方抄本、英国文学、早期印刷、地方历史方面的珍贵收藏,被世界各地的学者视为学术的宝库、知识的殿堂。

除了实体资源馆藏,牛津大学图书馆的数字资源馆藏也颇为丰富。目前馆藏已购买电子书超过961 146种,购买的电子期刊75 634种,数据库1339①。而多种原生数字资源也组成了图书馆数字资源馆藏的一部分,包括各类文件、出版物、行政记录和研究数据等。此外,一些网站以及复杂的在线资源(如计算机模拟与虚拟展览),或是其他需要使用特殊应用的知识资源也被纳入牛津大学图书馆的数字资源馆藏。同时,牛津大学图书馆也注重以数字化的方式加工现有实体馆藏来扩充数字资源内容。

二、图书馆的"战略计划"与"执行计划"

为了完成图书馆的使命,牛津大学图书馆注重战略规划。每三年会制定一个三年发展战略,其中详细列出各个领域相关的发展目标;为实现目标还要制定的各阶段的执行计划,提出具体措施。

1. "战略计划2013—2016"②

目前,图书馆执行的战略计划为2013年制定的"战略计划2013—2016",在该计划中,提出了馆藏、服务与员工、数字倡议、图书馆空间、交流、拓展、管理。与数字资源建设有关的是"馆藏"和"数字活动"两部分。

有关"馆藏"的描述是:

- 购入各种载体和各个学科的图书、文章、原始资料和特色馆

---

① Annual Report 2013 – 14[EB/OL]. [2016 – 02 – 24]. http://www. bodleian. ox. ac. uk/__data/assets/pdf_file/0005/194774/BodleianLibraries_AnnualReport13_14. pdf.

② Strategic-Plan-2013 – 2016[EB/OL]. [2016 – 02 – 24]. http://www. bodleian. ox. ac. uk/__data/assets/pdf_file/0008/156788/Strategic-Plan-2013-2016. pdf.

藏,支持教学与研究而且保存文化和科学遗产;

- 保管好图书馆的馆藏;
- 通过编目、数字化、出版和学术活动来提高资料的可用性;
- 支持对图书馆创建的研究资料的管理、保存和可获取性。

"数字活动"的内容描述是:

- 发展有益于研究、教学和学习的数字服务;
- 发展强大的数字基础设施来支持创新服务;
- 利用已建的和新的平台开扩大内容的利用;
- 帮助形成有关数字资源的立法与政策。

2. "执行计划 2013—1016"①

与"战略计划 2013—2016"相配套的文件是"执行计划 2013—1016"。执行计划的内容就是到 2016 年年底如何实现战略计划。根据每一个战略,提出了相应的措施。下面主要介绍与电子资源相关的措施(前面的数字,第一个把代表第几项战略,后面的数字代表该项战略的第几条)。

1.2　对于需求较高的电子书种类,提供更大的覆盖面;

1.3　对于原生数字特藏,开发一项商业案例来维持发展、管理和访问;

1.4　评估如何充分利用电子法定呈缴的机会;

3.6　完成数字化项目,有利于资源的发现与利用

4.1　启动 ORA:Data 作为支持大学研究所提供的服务(关于 ORA:Data 详见第三节)

4.3　建立牛津大学科研档案(ORA)作为牛津大学研究作品的完整记录,不要求研究者键入他们的资料

9.3　提高数字化服务能力,以适应大规模特藏文献的

---

① Bodleian Libraries Implementation Plan 2013 – 2016[EB/OL].[2016 – 02 – 24]. http://www. bodleian. ox. ac. uk/__data/assets/pdf_file/0019/164170/PUBLICI-mplementation-PlanFEB2015. pdf.

数字化活动；

9.4 为数字化服务与活动建立可持续发展的成本/资金模式

9.6 获得到资金来支持为了研究与教学的数字创新

9.7 设计和应用一套信息技术基础设施，能在未来的5年传送图书馆的数字服务。

9.8 设计和应用一套数字保存和存档服务的基础设施，能够保存数字馆藏，包括多个PT（10的15次方）字节规模的研究资料。

10.1 在整个大学扩展数字政策：保存、元数据、数字化、权利与信息技术等政策的范围

10.2 制定并执行一项战略来促进数字化特藏的利用

第二节 牛津大学图书馆电子资源发展政策

一、数字政策概述①

1. 范围：图书馆提供物理服务主要是基于印刷资料、图书馆的建筑与员工，而数字服务是基于在线和线下软件。博德利图书馆仅能用数字系统，例如那些发现和管理印刷和数字资源，管理准入与获取的数字系统行使职责。

2. 服务对象：图书馆的数字政策定义了图书馆作为数字事业机构的基本原则，为了支持研究、教学和学习来发现和利用物理与数字知识来源。主要服务于三种读者：牛津大学的集体，全球学术团体，广大的公众。

3. 资产：数字知识资源包括

- 能管理和揭示物理或数字资源的描述性元数据；

---

① Bodleian Libraries digital policies：Overview[EB/OL].[2016－02－27].http://www.bodleian.ox.ac.uk/about-us/policies/digital-policies-overview.

- 图书、手稿或其他物理资源的数字化图像;
- 包含馆藏、版本、注释的文本语料库;
- 原生数字资源,例如文档、出版物、管理记录和研究数据;
- 网站与复杂的在线资源,例如模拟、虚拟展览或其他要求特殊应用程序才可使用的知识源。

4. 利用条件:按照隐私政策或版权法的要求,或学术利益保护的要求,对每个个案都实行定制化,提供安全保护或开放存取来获取。为了支持有活力和可持续性的学术服务,将会安排适当的商业模式。为了能够执行这些原则,图书馆追求拥有数字知识资源。

5. 机器获取:为了图书馆的知识资源得到传播且全球影响最大化,会积极支持通过计算机自动利用和第三方再利用知识资源。

6. 背景:数字政策涉及了4个基本领域,

- 数字化:揭示图书馆的遗产与隐藏的馆藏,数字化项目要按照需求驱动,大规模,系统地实行。
- 保存:支持数字知识资源的长期利用,图书馆的数字馆藏要在合理的数字保存基础设施上保持适当安全水平。
- 元数据:要使数字知识资源通过图书馆的服务和外部发现工具被找到和检索,要给每种资源制作标准的元数据,将来可以广泛地利用和保存。
- 体系结构:确保数字项目能有效和高效地进行,数字服务将在持续的和可控的基础设施上提供,同时维持物理的基础设施来支持物理馆藏。

7. 其他政策:更多的特殊政策,如关于社交媒体或研究数据的政策,要参照而且应与四项基本政策相协调。所有的政策应该与牛津大学的关于准入、信息安全、馆藏管理或研究行为等方面的综合政策一致。进一步说,就是应该,而且尽可能地与牛津大学及博德利图书馆的战略计划,以及各自的执行计划互相参照协调。

8. 管理:在每年年底,所有的政策将被"数字图书馆指导组"评估,如果有重大变化,要通过执行委员会,提交"大学图书馆管理者"来批准。政策将发布在图书馆的网站。

在这个概述中提到的四项基本政策都有详细的内容,参考相应的章节。

二、数字资源的法定呈缴

1. 牛津大学接受呈缴的历史

从 1662 年开始,英国法律中出现法定呈缴这一条款,所有英国本土出版物都需上交至大英图书馆(即英国国家图书馆)和其他 5 个机构(牛津大学图书馆,剑桥大学图书馆、都柏林三一学院图书馆、苏格兰国家图书馆和威尔士国家图书馆)。因此牛津大学图书馆一直是英国呈缴制度的参与者。牛津大学图书馆认为法定呈缴对大学本身来说是一项长期获益的法律规定,它赋予了符合这一规定的出版物在牛津本地、全英国乃至国际上的长期使用权。由于通过法定呈缴获得的文献被视为国家和国际资源,其政策也是由牛津大学图书馆与其他五家法定呈缴图书馆共同制定。

牛津大学图书馆计划通过法定呈缴收藏全部的学术出版物,并且也尝试同其他图书馆合作收藏一部分其他类别的出版物。牛津大学接收法定呈缴的类型有纸质出版物与电子/非印刷型材料。根据呈缴法规定,纸质出版物的范围包括:

(1)单本书籍(包括小册子、杂志或是报纸);

(2)单张印刷物或者乐谱;

(3)地图;

(4)平面设计图;

(5)表格以及其他。

每本新出版的书籍,以及已出版书籍的更新版本,如有内容的修改、增加等,都应进行法定呈缴,但是直接重印的版本不在呈缴范围内,印刷型书籍的法定呈缴取决于书籍是否在英国正式出版。除非有书面规定,国际报告、考试试卷、当地交通时刻表、台历与挂历、海报等则不被视为收藏内容。

2. 电子资源呈缴法[①]

从 2013 年 4 月 6 日年开始,新法规"2013 法定呈缴图书馆(非印刷品)条例"[Legal Deposit Libraries (Non-Print Works) Regulations 2013]生效,把呈缴范围扩大到了数字与网络出版。允许法定呈缴图书馆获取在英国本土出版的电子书籍、电子期刊、文章、网页和其他形式的电子资源等即非印刷型文献。电子资源的地位与印刷资源具有同等地位。牛津大学图书馆将这类资源的法定呈缴称为电子法定呈缴(electronic Legal Deposition:eLD)。

电子法定呈缴的具体收藏范围如下:

(1)在英国出版的电子期刊、电子书,以及其他资源的电子版本;

(2)英国发布的网站,不仅包括以.uk,.scot,.wales,或.england 为后缀结尾的网址,还包括确切在英国发布的网址。需要注意的是,这些网址中不包含类似 YouTube 这样只包含视频影像内容的网站;

(3)独立的电子资源,例如 CD-ROM;

(4)缩微胶片的内容。

法律规定不包括以下内容:

(1)单纯由视听内容组成的网站和其他资源(例如 YouTube)。但是如果一个正常的网页嵌入视听在内,将会包括。一个很好的例子就是,BBC 网页上嵌入了视听的新闻内容;

(2)电影与音乐录音出版物,尽管法律涉及了在其他出版物中包含的音乐、音频、视频;

(3)企业内部网;

(4)电子邮件;

(5)严格意义的个人资料。

通过法定呈缴,图书馆将能获得许多国内其他地方无法获取的资源。一些出版社已全面向牛津大学图书馆呈缴电子类资源,对于这些

---

① Electronic/Non-print Legal Deposit [EB/OL]. [2016 - 02 - 27]. http://www.bodleian.ox.ac.uk/finding-resources/legal-deposit.

资源,图书馆将不再收取印刷型文献。从 2013 年 4 月到 2015 年 4 月电子呈缴两年时间,出版社已经缴送给图书馆 656 000 多篇文章,11 500多种电子书①。

3. 呈缴电子资源的利用

为了版权保护,对于法定呈缴的电子资源,法律也有相应的使用规定和限制。使用电子法定呈缴的资源要比一般资源更加严格,任一时间只有一人可以通过法定呈缴图书馆的电脑浏览电子法定呈缴资源的内容,这意味着牛津大学图书馆的读者想要浏览电子法定呈缴的资源,只能登录图书馆内固定的公共电脑,无法使用个人电脑浏览,若想要浏览的内容正被他人使用,则需要一直等到他人使用完毕后方可浏览,并且所有电子法定呈缴的资源内容无法下载、保存、复制、打印(有限制)。

这种利用方式实际上和纸质的完全一样,并不具备有电子资源的利用优势。可以说这种限制是出版业与图书馆界相互妥协的结果。

三、数字资源的保存政策

数字资源保存是数字资源建设政策的基础之一,该政策牛津大学图书馆最新的版本是 2014 年 4 月更新的②。

1. 保存原则

数字资源的保存对于图书馆支持当前和今后的研究、教学和学习活动有着重要的意义。牛津大学图书馆也结合自身确立了相应的保存原则:

---

① Trinity Term 2015 update from the Bodleian Libraries [EB/OL]. [2016 - 02 - 24]. http://www.bodleian.ox.ac.uk/__data/assets/pdf_file/0018/190125/Bodleys-Librarians-termly-newsletter-Trinity-2015.pdf.

② Bodleian Libraries digital policies:Preservation[EB/OL]. [2016 - 02 - 24]. http://www.bodleian.ox.ac.uk/about-us/policies/preservation.

（1）确保数字资源的真实性与完整性，尽可能对数字资源附加特性的保存实行积极管理；

（2）图书馆会针对不同类别的资源应用不同的安保机制，对数字资源进行安全保存；

（3）数字资源的管理主要由相关专家负责，其不仅要对数字资源的服务政策负责，还是数字资源的创建者和使用者之间的主要联系对象。负责数字资源保存的相关员工会接受适宜的建议、指导和训练；

（4）牛津大学图书馆数字资产管理系统（Digital Asset Management System，简称 DAMS）是图书馆数字资源保存的基础设施，其主要管理图书馆拥有的数字资源，同时为服务共享提供基础框架；

（5）牛津大学图书馆与世界各地的有关组织就数字资源保存建立合作关系；

（6）数字资源保存技术的应用由资源性质决定，保存政策和程序会考虑到类似于资源的未来使用等情况。

2. 范围

主要是博德利图书馆拥有的资料。内容类型主要包括①：

• 原生数字资源：通过一系列存档项目获取，如博德利电子档案与手稿（BEAM）；

• 数字化图片：来源为图书馆的物理馆藏，如 Digital. Bodleian；

• 牛津大学研究出版的数字文本：牛津大学科研档案（ORA）；

• 牛津大学学者学术研究产生的数字数据：DataBank；

• 牛津大学研究者产生的研究数据目录：DataFinder；

• 牛津大学学术研究产生的软件：Software Store；

• 数字化图书：与谷歌合作完成的 350 000 册数字化图书；

• 从网络抓取的数字资源：网络存档资源；

---

① Bodleian Libraries Digital Preservation Services Profile［EB/OL］.［2016 - 02 - 24］. http://www. bodleian. ox. ac. uk/__data/assets/pdf_file/0003/151905/BodleianDigital-Policies_Preservation_1-1_Appendix. pdf#DigitalServicesAppendix.

- 研究者数据存储：关于牛津研究的数据，包括研究行为、人员、项目、资金、出版物等；
  - 付费的电子资源：购买的电子书、电子期刊、数据库；
  - 法定呈缴电子资源。

3. 与其他政策的关系

该政策与数字化政策、数字架构政策、管理与保护研究数据与记录政策等相关，也与馆藏管理战略组（CMSG）监督的馆藏管理政策，博德利技术架构组（BTAG）监督的信息安全政策有关。

4. 管理：

（1）责任：数字图书馆指导组负责对图书馆的数字保存规定进行有效的审计程序。

（2）监督：数字馆藏与物理馆藏有同样重要的作用。图书馆的馆长对确保长期使用数字馆藏负有最终的责任。对这项政策的日常监管，与服务级别政策相关，由数字图书馆指导组和学术图书馆服务战略组负责。

（3）批准：数字图书馆指导组会把每年的审计结果向博德利图书馆执行与内阁委员会报告，以便图书馆的风险指示能被改正，而且将视情况考虑和执行任何行动和建议。

（4）评估：该政策由数字图书馆指导组每年年底进行评估。

第三节　原生数字资源采集政策和项目

一、牛津大学科研档案

1. 简介①

牛津大学科研档案，英文名 Oxford University Research Archive，简

①　ORA：Oxford University Research Archive：About ORA [EB/OL]. [2016 - 02 - 24]. http://ox. libguides. com/c. php? g = 422823&p = 2887292.

称 ORA。是牛津大学的机构知识库,建立于 2007 年,作为永久安全的在线科研资料档案中心保存学校科研人员的学术作品,包括出版物、论文和研究数据等。诸如此的知识库在高等教育机构中越来越常见,它们对于研究的推广和其他目标有着至关重要的战略意义。

ORA 广泛收录大学各学科(人文、数学、物理和生命科学、医药科学、社会科学)的科研资料。除了出版物、论文和研究数据,它也保存一些工作文件、报告、书籍章节等,未出版的学术作品也会上传其中,最大化的丰富大学的科研成果。

ORA 为公众获取同行评议的期刊文章、牛津大学作者的会议论文和牛津大学的科研论文的电子版提供了公共接入通道。任何人都可以在接入网络的环境下免费下载库中的大部分文章全文和摘要,而且每天都有全文资料增加。在档案中包括全文的文档要服从通常的版权条款,任何可能涉及再利用的信息也包括在内。

2. ORA 的主要特点

(1)ORA 是由牛津大学的科研人员生产的研究出版物的永久的和安全的在线档案。

(2)既包括已出版的作品,也包括未出版的。

(3)同行评审的作品会有明显的标志。

(4)ORA 是对牛津大学研究出版物的全文存储、利用和保存。

(5)添加个人的研究资料给 ORA,可以有更多的人看到和利用。

(6)ORA 是博德利图书馆数字收藏的组成部分。

(7)类似 ORA 这样的仓储在英国和世界大多数大学图书馆是普遍的,而且正在变为研究传播的重要战略。

3. ORA-Data [①]

ORA 还包含一个姐妹仓储工具 ORA-Data,是由牛津大学图书馆管理的数字目录,提供大学研究人员的研究数据归档、保存以及能够

---

① Oxford Research Archive-Data:About ORA-Data[EB/OL].[2016 – 02 – 29].http://ox. libguides. com/ora-data/about-ora-data.

发现和共享数据的服务。根据牛津大学研究数据和记录管理政策（Policy on the Management of Research Data and Records）的定义,研究数据是指不拘泥于存在形式,对研究项目提供重要支持的发现或成果。所有学科的任何类型的数字研究数据都可以呈缴到 ORA-Data,接受任何文件格式。

ORA-Data 设计主要针对两类研究人员,一类是希望自己的数据集合能在大学的研究数据目录中有统一的接入点,不在意数据的归档位置;另一类是需要仓储和保存研究数据,特别是支撑出版的数据,和资助者要求存档和保存的数据。

ORA-Data 的主要特点:

呈缴:

● 任何文件格式都可以接受(建议最好是适合长期保存的文件格式);

● 可以接受档案文件格式(例如:ar、zip、BagIt、ResearchObjects等);

● 在缴送前能压缩多种文件。

引用:

● 所有的数据集会被分配一个数字对象标识符(DOI)作引用和来源。

发现:

● 数据是可在线发现、引用和检索的;

● ORA-Data 可以被谷歌和其他搜索引擎抓取,使研究成果在全球最大化曝光;

● 对每个数据集,会分配已经有公认标准的描述性元数据,用于发现、描述、报告等;

● 任何在线存在都有设置一个禁用期或自愿退出的选择权。

管理与用户支持:

● 在星期一到星期五:9:00am—5:00pm 提供帮助服务;

● 在 ORA-Data 上所有的呈缴和描述性记录(元数据)公开前,

ORA-Data 工作人员会评估法律与资助者承诺；

- 定期检查文件的可利用性和数据完整。

保存：

- 用光盘保存两个复制本，并且在不同的地点用档案磁带保存第三本；
- 位级保存——数据被保留与其提交时一样的格式；
- 博德利图书馆承诺长期保存数据集合描述性记录。

二、图书馆的电子档案与手稿

1. 概述①

牛津大学博德利图书馆电子档案与手稿，英文全称 Bodleian Electronic Archives & Manuscripts，简称 BEAM。BEAM 是图书馆特藏部门为了发展特色馆藏而建立的数字档案的主页，是为管理牛津大学图书馆特藏文献部门开展的原生数字档案和手稿开展的一个数字仓储服务。仓储允许档案人员收集、描述、管理和保存档案和手稿收藏中的数字组成部分，同时维持其与同一馆藏的其他传统部分的关系。

随着数字时代的发展，牛津大学图书馆越来越多地接收到各种原生数字资源的手稿和档案，其形式多样，例如整台电脑、电脑磁盘等，储存在这些设备当中的文件编码形式也是新旧不一。图书馆期望获取的资源形式有：音频、电子文档、电子邮件、图像、演示文稿、电子表格等。由于这些资源中很大一部分都没有纸本与之对应，因此必须通过数字化方式保存并提供。BEAM 项目就应运而生了。这一服务使得珍贵的档案和手稿资源得以长期、完好的保存下去，并能够为研究所用。而牛津大学图书馆的宗旨是永久保存这些数字档案。

---

① About BEAM[EB/OL].[2016 - 02 - 28].http://www.bodleian.ox.ac.uk/beam/about.

2. BEAM 的内容①

BEAM 的工作对象是博德利图书馆特藏部门的一系列档案馆藏的原生数字资源。包括的主要学科有:非洲和英联邦、英语文学、现代政治、牛津大学相关的资料,科学与医科等。

图书馆的原生数字档案有两类:个人数字档案和团体数字档案。基本要求是要有长期研究价值。个人数字档案应与个人日常生活相关,团体数字档案可以包括商业、政治团体和其他利益集团等,应与团体的日常活动相关。档案的主要形式包括邮件、文字处理的档案、静态图片、数字音频、数字视频等。

牛津大学图书馆期望接收越来越多包含数字资源的档案,只有这样,BEAM 才能够发挥出其优势,使得珍贵的资源为更多人所知,并且更长久的流传下去。目前,牛津大学图书馆正在尝试处理一些特殊馆藏,主要有:保守党档案(Conservative Party Archive)、Clutag 出版社文学档案(The literary archive of the Clutag Press)、遗传学家 Sir Walter Bodmer and Lady Julia Bodmer 档案等名人档案。

三、博德利图书馆网络存档

1. 概况②

博德利网络存档英文全称 Bodleian Libraries´Web Archive,简称 BLWA。图书馆努力收集网站是为后代保存这些资料。

图书馆主要收集以下领域的网络资源:

(1)人文和艺术;

(2)国际事务;

(3)科学、医药和技术;

---

① FAQ-What do you collect? [EB/OL]. [2016 – 02 – 28]. http://www. bodleian. ox. ac. uk/beam/about/help/collecting.

② Bodleian Libraries´ Web Archive[EB/OL]. [2016 – 02 – 28]. http://www. bodleian. ox. ac. uk/beam/webarchive.

（4）社会科学；

（5）牛津大学和学院。

网络存档的资源主要包括两部分：一是法定呈缴的网络资源，二是图书馆主动抓取的网络资源。

2. 网络资源法定呈缴

根据新的呈缴条例，"英国发布的网站，不仅包括以. uk,. scot,. wales,. england 为后缀结尾的网址，还包括确切在英国发布的网址"都要向六家法定图书馆呈缴。而接受法定呈缴的图书馆要对能够免费获取的英国在线出版物进行收藏和保存。法定呈缴英国网站存档项目（Legal Deposition UK Web Archive 简称 LDUKWA），由大英图书馆与其他五所大学图书馆共同负责。

图书馆至少每年都要进行网络域名抓取[①]。域名抓取的目的是尽可能多地获取英国现存网站资源。现有 400 万网址，而这个数字还在继续增长。第一次域名抓取是在 2013 年实施的，从 380 万个域名中收集了 16 亿个 URL 的 31TB 压缩数据。第二次在 2014 年 6 月—12 月进行，从 1030 万个域名抓取了超过 52TB 压缩数据。

法定呈缴图书馆每年会选一些主题或事件，构成基础"特藏"。每个特藏包括几百个网站。2014 年的特藏有：索契冬奥会、2014 年欧洲议会选举、一战百年纪念、苏格兰独立全民公决，英联邦运动会等；2015 年有：英国大选、二战胜利 70 周年纪念、《自由大宪章》800 周年、1916 复活节起义百年（从 2015 年开始）等。

图书馆每年还要选 250—500 个重要网站实施存档，大部分网站每年抓取一次，对于内容更重要的网站抓取将更频繁。

网络资源抓取主要借助网络爬虫（Crawlers）来收集组成网站的文件副本，并不需要网站提供者本人参与其中，而网络爬虫的使用也不

---

① Scope of the Legal Deposit UK Web Archive[EB/OL].［2016－02－28］. http://www. bodleian. ox. ac. uk/finding-resources/legal-deposit/legal-deposit-uk-web-archive/scope.

会对网站本身造成不利影响。由于网站存档工具的能力有限,有些复杂网站的存档需要经过多番尝试才有可能成功,所以牛津大学图书馆希望提供网站的人员能够将网站设计得更易于存档,这也会对准确的展示网站信息有所帮助。网站的变化决定着图书馆的工作人员对网站进行存档的频率,从每周到每年不等,如果在某一时间段网站异常活跃,工作人员也会制定额外的存档时间表来应对,如此一来,网站的所有历史变化都会记录在 BLWA 中。

因为网站是牛津大学图书馆文献遗产的重要组成部分,存档过的网站能够作用于各种有价值的科学研究,所以任何人都可以通过填写一份在线的推荐表,帮助有价值、值得保存的网站进入 BLWA 服务之中为后人所用。如果推荐的网站获得入选资格,则需要通过图书馆提供的链接完成在线认证,需要注意的是,若推荐人不是网站的唯一知识产权持有者,则需要获得网站建设者的明确许可才能完成在线认证,所有已存档网站都可以在 BLWA 服务中搜索到,通过 Archive-It 接入。牛津大学图书馆希望网站存档提供的内容都是合法的,若发现其中有不适宜的内容,任何人都可以通过邮件联系图书馆方面,在明确接到反对意见后,图书馆会禁用该内容,若内容提供涉及第三方,则会联系并询问有关信息。

3. 资源管理与应用

对于管理和使用网站存档资源,牛津大学图书馆也有相应的条款:

(1)网站的选择由牛津大学图书馆决定,包括全球各地的个人网站和团体网站,这些网站要具有保存和研究价值;

(2)网站存档为牛津大学财产,网站内容版权归学校或者持有认证资格的人所有;

(3)如在科研中使用了这些网站资源,则要在参考文献中列出;

(4)不得在没有获得授权的情况下对网站资源进行删除、修改;

(5)不得利用网站资源进行非法活动;

(6)不得擅自存储来源于网站的个人资料;

（7）不得使用任何会对网站资源造成损伤和破坏的设备和软件。

与其他电子法定呈缴资源不同,通过 https：//bodleian. ldls. org. uk/ldwa 这一网址,读者就能够直接在牛津图书馆的任意一台电脑上访问这些内容。如需在牛津大学图书馆之外搜索 LDUKWA 的内容,可以借助大英图书馆的在线目录,但浏览内容还是要在法定呈缴图书馆内进行。

第四节　数字化政策与项目

一、数字化政策

牛津大学图书馆将数字资源的重点更多地放在了将现有实体馆藏数字化这一领域,以此来进行数字资源建设,不仅建立了单独的数字图书馆,还制定了各项数字化策略与管理机制。为了让牛津大学图书馆的珍贵文献和神秘收藏与世人见面,按照需求驱动,图书馆展开了系统化的数字化项目。

1. 图书馆创建数字化资源原则是①

（1）数字化的主要目标是提高读者与普通公众对馆藏资源的访问;

（2）数字化也有保存的益处,确保可以继续利用那些由于变质或文献老化而处于丢失危险中的资源。在某些情况下读者可能会被拒绝访问原始资源,而首先请求利用数字替代品;

（3）数字化对象包含音频、静态图像、动态图像和基于文本格式修改的馆藏资料;

（4）图书馆没有单一的数字化标准,但会根据数字化对象特征和使用需求制定不同标准;

---

① Bodleian Libraries digital policies：Digitization［EB/OL］.［2016 – 01 – 09］. http：//www. bodleian. ox. ac. uk/about-us/policies/digitization.

（5）所有数字化资料必须具有图书馆所支持的元数据格式；

（6）图书馆拥有法律权利的所有数字化资料，无论其是在馆内还是馆外制作的，都要在图书馆的数字资产管理系统（DAMS）中进行管理；

（7）数字化活动要具有可持续性，图书馆的管理者和数字化专家要对不同选项的成本及效益进行决策；如果需要，决定项目资源和进一步处理的资源。

（8）法律允许的情况下，数字化资源将通过牛津大学数字图书馆网站和其他合适的网站对公众开放；

（9）在特殊条件下，可允许第三方使用图书馆的数字化资料。可以通过元数据收割；也可以通过嵌入的图片服务器来使用图片。

牛津大学图书馆的数字化活动通常在具体项目中进行，数字化资料的选择也受项目需求的影响，但都要遵循上述原则。同时，项目经理和主管机构需要考虑馆藏资料的具体情况，以及读者对所选择资料的潜在需求。总体来说，牛津大学图书馆的数字化资料选择分为特藏文献和非特藏文献两类，都要根据特定项目制定相应基准。

2. 数字化资源的选择

博德利图书馆的大多数数字化的行为是以项目方式进行的。选择要数字化的资源受项目的需求和范围影响，但是要遵循上述的原则。另外，项目主管与管理团队会被要求考虑馆藏资源的两种状况：资源的潜在保存价值和行为，所选择资源的潜在读者需求。如果是不在项目背景中的资源，也应该同样考虑这两种因素。

数字化行为应该考虑分为两种类型：特藏与非特藏。这两类应该建立项目说明基准，并且也会决定这些馆藏的默认用户界面。

3. 数字化的管理

（1）审查。图书馆执行委员会负责对图书馆的数字化行为进行有效的审计程序，而且可以将这个责任授权给合适的组织或专家。当一个新的数字化项目建议启动时，要被提交给数字图书馆规划组副主任，和学术图书馆服务战略组来考虑。

（2）评估。政策在每个自然年年底要由数字图书馆指导组来评估。

二、重点数字化资源建设项目简介

牛津大学图书馆每年都会通过数字图书馆系统与服务（BDLSS）参与 10—15 个项目。在过去几年以及近期，图书馆开展了众多数字资源项目，这些项目有的只持续短短几周，有的则要运行多年之久。

1. 数字博德利

由于牛津大学图书馆馆藏丰富，每年举办的展览都会吸引超过 10 万参观者从世界各地前来，为了让更多人能够学习并研究图书馆的珍贵馆藏，图书馆在近二十年的时间里一直在对馆藏内容进行数字化，这一行动获得了巨大的成功，目前已数字化超过 12 万用于免费展览的数字化物件和 150 万图像文件[①]。2011 年 11 月，为解决一系列数字化文献的在线展示等问题，Digital. Bodleian 项目应运而生。

Digital. Bodleian 的目的是解决这些问题：整合所有已数字化的馆藏，将分散的馆藏文献集合在单一用户界面中，能够支持浏览高分辨率的图像；对每一件馆藏文献制定标准化元数据，使得搜索和浏览变得更高效；所有的多种格式图像可转换为 JPEG2000，而且可以迁移到一个强大的可升级的存储设施；提供 OAI-PMH 协议目标和机读能力来收割这些馆藏；允许用户对图像进行标签和注释，并为用户提供虚拟存储平台，方便用户间的收藏共享；允许用户输出元数据和图片。

所有这些任务通过利用标准兼容的文件格式和方法已经完成，而且对未来扩张、可扩展性和可靠性进行了评估。牛津大学的很多馆藏都是通过这一平台首次展现在世人面前。

---

① About the Library［EB/OL］.［2016 - 01 - 10］. http://digital. bodleian. ox. ac. uk/about. html.

2. 知识文化①

知识文化（Cultures of Knowledge）是一项由牛津大学和安得鲁 W.梅隆（Andrew W. Mellon）金会共同支持的跨学科研究项目。16—18世纪书信的目录是知识文化项目目前的发展重点。该项目使用数字化方法重组并阐释早期现代（1550—1750）书信通信网络。信件往来构成了早期现代世界的信息高速公路，1550—1750 年间，日常的信件交换促进了世界各地人们的兴趣和知识共享，古典派学者、哲学家、古文物研究者、神学家、东方学者、天文学家、植物学家、实验自然哲学家、情报人员、自由思想者等，通过书信系统形成并维持着他们的专业性、社会性文化生活。

早期的信息传递使得学者们将信件分散在整个大陆，整合这些分散的信息对于知识的传递至关重要。然而，对学术界来说，要将不计其数的信件从图书馆、档案、个人收藏中集合起来从那时起就是一个无法克服的问题。近些年，在线目录和数字版信件的产生对在线书信目录的建成起到了促进作用。正是在这种基础上，诞生了该项目。

该项目到目前为止分为三个阶段。第一阶段（2009—2012）主要是初步认知阶段，集中于传统的重要版本和其他硬拷贝的调查提交、在各种会议上探讨现代书信体系、细化分析框架；开发了 16、17、18 世纪信件的联合目录概念测试系统，这个系统后来命名为现代早期书信在线（Early Modern Letters Online 简称 EMLO）。

第二阶段（2013. 01—2015. 03）和目前的第三阶段（2015. 04—2017. 03），则专注于元数据集合、系统发展，并为 EMLO 成为这一领域的主要资源进行必要的团体建设。知识文化的下一个目标，是让 EMLO 发展成为早期现代书信系统的代表，使其成为处理书信数据的研究工具，并且能够成为早期现代世界书信文化的合作平台。

目前 EMLO 系统主要由收藏（Collection）、管理（Curation）和发现

---

① About［EB/OL］.［2016 – 01 – 10］. http：//www. culturesofknowledge. org/？page_id = 2.

（Discovery）三部分组成。EMLO-Collect 是独立的数据集合应用,设计用于图书馆和档案馆,而且围绕着 Open Office 来运行。收集到的信息可以通过在线对接站上传到目录;EMLO-Edit 是基于网络的编辑环境,将收集来的元数据在此环境中进行编辑,方便操作和管理;发现服务以一套较为复杂的程序为最终用户呈现目录内容,把强大的搜索工具、综合的目录浏览、快速地记录检索融为一体。

EMLO 目前收集的数据还只是全世界书信系统的冰山一角,未来仍有很大发展潜力。其终极目标是收集具有代表性的资源,满足个人学者、项目的使用需求,最终发展成为引领全球书信系统的强大力量。

3. 早期英语书籍在线——文本创建合作伙伴①

早期英语书籍在线文本创建合作伙伴（Early English Books On-line— Text Creation Partnership:EEBO-TCP）是牛津大学图书馆和密歇根大学共同合作的项目,由英国联合信息系统委员会（Joint Information Systems Committee:JISC）资助,得到遍布全球的 150 个学术机构的支持。其目的是收集出版于英国印刷业发展的前两个世纪的英文作品的现存最早版本,并把这些资料转化为可全文检索的文本。项目涉及的时间是 1473 年—1700 年,大约包括 200 万页和将近 10 亿单词。代表了从印刷机诞生到威廉和玛丽统治时期的英国文字印刷的这段历史,涵盖几乎所有学科的文本,对科研活动更是有着无与伦比的意义,这些科研活动包括文学、历史、哲学、语言学、神学、音乐、美术、教育、数学和科技。2015 年 1 月起,超过 25 000 种早期英文文本免费向世界开放。

EEBO-TCP 创建文本是基于 ProQuest 的早期英语书籍在线（Early English Books Online:EEBO）数据库,该数据库中包含英国 1473—1700 年出版的主题多样的书籍。EEBO-TCP 对于要创建文本的书籍的选择也有一定的规则,首先要以新剑桥英语文献书目（New Cambridge

---

① 　Home［EB/OL］.［2016 – 01 – 10］. http://www. bodleian. ox. ac. uk/ee-botcp/.

Bibliography of English Literature, 简称 NCBEL) 为基础, 如果某一作者出现在 NCBEL 中, 那么他的作品就有资格入选; 其次, 要尽可能多的涵盖各种主题和学科, 以此反映出当时印刷环境的真实情况。通常, 初版是英文的作品是优先选择对象, 如果有一些令人信服的理由, 一些其他语言的作品, 特别是拉丁语和威尔士语, 包括第二版或后来的版本可以选择。

第九章　加州大学图书馆

第一节　加州大学图书馆概况与数字资源发展战略

一、加州大学图书馆概况

1. 加州大学图书馆发展愿景和使命①

加州大学图书馆灵活、专注、高效并重视数据驱动,其目标是在提供全球知识的广泛访问和开发创新服务、战略以及促进知识发现和保存的技术系统方面居于领先地位。加州大学图书馆为加州大学教师、学生和员工提供信息资源与服务,为本校的教学、学习、研究、病人护理和公共服务提供直接支持,并通过以下措施达成其目标:

(1)在网络层面支持学术信息的无缝发现和访问;

(2)管理知识,包括加州大学学者的知识成果;

(3)提供发现、评估、使用和管理信息资源的专业支持与教育;

(4)为学习、合作和研究创造并保持高质量的空间;

(5)领导并积极参与国家及全球合作伙伴计划,以促进、重塑图书馆和学术交流的未来。

2. 加州大学图书馆馆藏概况②

加州大学系统有 100 个图书馆,图书馆员工有 2400 名,为 40 万来自世界各地的学生及学校员工提供服务。以下是加州大学图书馆系

①　Vision and Priorities［EB/OL］.［2016 - 01 - 07］. http://libraries. universityofcalifornia. edu/about/vision-and-priorities.

②　Facts and Figures［EB/OL］.［2016 - 01 - 07］. http://libraries. universityofcalifornia. edu/about/facts-and-figures.

统 2013 年的馆藏概况：

- 印本文献 39 000 000 卷册，数字化的文献 3 7000 000 卷/册
- 平均每个大学有 700 000 册许可电子书
- 53 000 个集中许可的电子系列
- 20 000 000 件数字化资源
- 1446 种数字化特色馆藏

二、加州大学图书馆数字馆藏发展战略

加州大学图书馆数字馆藏发展战略①由加州大学图书馆馆藏发展委员会于 2011 年制定。主要有以下几个部分组成。

1. 收藏范围

（1）加州大学图书馆致力于建立一个协作的数字馆藏集合，包括各种格式的数字化资源和原生数字内容，以支持加州大学及其服务社区的学术研究、教学和学习。

（2）加州大学数字馆藏包括加州大学自建的数字资源以及将原有馆藏数字化后的资源，也包括通过许可使用的数字资源或者为支持研究与教学而选取的网络访问公开内容。数字馆藏主要用来补充和协调印本馆藏，并支持加州大学的研究和教学。数字内容的选取将考虑其实用性、准确性、真实性、独特性、稀有性以及用户的需求。无论数字内容是自建、收割、许可、镜像或者来自托管机构都应当制定恰当的条款保障数字内容长期存档访问。

（3）数字馆藏将反映和增强现有馆藏。

（4）协作馆藏来自各个校园的馆藏和系统采集的内容。

2. 馆藏建设策略

（1）馆藏建设要在加州大学各个校区与加州大学数字图书馆

---

① UC Digital Collection Development[EB/OL].[2016 – 01 – 07]. http://libraries. universityofcalifornia. edu/groups/files/cdc/docs/UC＿Digital＿Collection＿Development_Policy-oct22_Final-2. pdf.

(CDL)间实现系统性和协调性,向用户提供一个虚拟的馆藏集合,在相关的学科领域创建大量的信息,并提供数字信息长期访问和保存的集成格式。

(2)数字馆藏将利用各种数字化的选择(谷歌、本地的校园和亚马逊等),以最大限度地满足加州大学社区用户的访问。

(3)用户驱动的需求是馆藏数字化和选择数字内容优先考虑的因素。

(4)对馆藏内容进行分析,以确定哪些资源属于重点建设内容,哪些资源是重复建设。

(5)协作馆藏将有助于和其他合作机构创建综合全面的数字化馆藏,避免重复建设,并通过地区性和全国性的数字化项目联合/集成分布在各地的资源。

(6)协调收藏可以有效避免馆藏重复建设并为用户最大限度地提供数字化内容。

(7)按照权限和标准尽可能地提供网络层面的访问。

3. 数字馆藏的主要类别

(1)加州大学自建的出版物和数据(馆藏内容数字化和原生数字资源)

- 电子学位论文
- eScholarship 出版物
- 数据
- 其他加州大学的内容,如各个校区和加州大学研究机构的馆藏

(2)许可使用的内容

期刊、电子书、数据库、工具书和数据集合等。这些资源的采访参考加州大学图书馆数字资源采购和许可准则。

(3)加州大学馆藏数字化的资源

- 大规模数字化的图书和期刊
- 选择性数字化的资源(包括传统资源和特色馆藏/档案资料/

报纸/政府文件/按需扫描资料、图像等）

（4）通过网络访问的开放获取内容（包括数字化的资源和原生数字化资源）

- 网站/网络存档
- 开放获取学术资源（期刊、百科、数据库等）
- 开放数据
- 政府信息
- 研究机构信息

4. 内容选择的补充指南

（1）协调与补充其他馆区的数字资源；

（2）当数字资源可获得和适合利用时，要优先选择，而非印本；

（3）考虑保存的需求和成本；

（4）考虑数字权限；

（5）支持标准和可持续管理模型；

（6）如果其他地方可合理利用，要避免重复建设；

（7）考虑合适的管理——加州大学仓储库、加州大学数字化合作机构、授权主体。

第二节　数字资源采购和许可准则

加州大学不断扩充和修订馆藏发展战略，创建组织有序、专业管理、综合全面的馆藏体系，以满足大学的学术研究和公共服务使命的需求。

数字资源采购和许可准则①于 2006 年通过，用于指导加州大学及

---

① Principles for Acquiring and Licensing Information in Digital Formats［EB/OL］.［2016 - 01 - 07］. http://libraries. universityofcalifornia. edu/cdc/principlesfor-acquiring. html.

其雇员与数字资源供应商共同协商合同。本准则替代 1996 年版的数字资源采购与许可准则。

一、馆藏发展

1. 传统的馆藏发展政策是最高指导原则,其他各种载体包括数字资源的馆藏发展必须与其保持一致。

2. 数字资料应至少相当于印本的副本,它们应该是完整的并能够被作为一条记录进行管理。

3. 数字资源的收集应注意以下平衡:

(1)学科上的平衡

(2)信息格式的平衡

(3)指导性工具及研究性工具的平衡

(4)各校区不同需求的平衡

4. 加州大学必须拥有选择和取消选择数字资源的权利。其选择特权涵盖标题级别的内容选择和格式偏好的选择,这些选择不受信息提供者的牵制。

5. 加州大学将根据成本/效益评估,来决定选择版权过期的数字资源许可使用,或数字化本图书馆的相同资源,或参与第三方非营利性组织的该资源数字化项目。

二、成本和价格

1. 加州大学寻求方法来平衡信息供应商的财务、图书馆预算与图书馆使命所要求的电子资源定价。图书馆将优先考虑这样的供应商和产品,即其商业模式和方案对加州大学来说是经济的、可持续发展的。可持续发展的方案包括:合理的绝对价格的变化,明确和合理的基准价格变化,合理地反映实际摊销和/或运营成本。

2. 加州大学采购资源的价格必须与其价值相符。价值的衡量是多方面的,包括但不限于利用率、单页价格,影响因子以及与加州大学学术研究的相关性。加州大学将努力完善价值指标并和资源提供者共享这些指标。

3. 出版商能够并且应该提高运营效率,尤其是添加内容和发行内容的边际成本。效率的提高应该大大降低用户使用信息的"单位成本"。出版商不应在短期内提高价格来摊销印刷版数字化的成本。

4. 内容成本和访问成本应分别计算。加州大学拥有选择恰当的访问机制和访问级别的灵活性,能够修改现有的许可协议,在许可协议中只受访问和使用的限制。如果可能的话,商业条款应该区分内容定价和访问定价。

5. 因为加州大学可以协调和协作管理各个图书馆的馆藏和服务,从其他分校图书馆获取资源的能力增强了本馆的馆藏,"交叉存取"应该是一个合同选项。交叉存取商业条款应根据加州大学用户实际或现实的估计,标明大学是一个统一的系统,出版商是与一个系统而不是多个校园开展业务。

三、变革策略

1. 加州大学图书馆致力于开发出版高质量学术内容的出版商业模式,这种出版模式有可能会改变学术交流模式。新的出版和发行模式被认为是变革性的,因为其主要目的是减少获取障碍(如开放获取模式)、替代昂贵的以营利为目的的出版模式,并建立图书馆可以负担的长期的经济可持续性(通过重新分配生产成本)。

2. 加州大学变革学术出版模式的努力得到了改变出版模式的主要组织,如学术出版和学术资源联盟(SPARC)以及国际图书馆联盟联合会的支持。

3. 加州大学鼓励出版商开发代表高质量或同行评议的新的学术交流模式和新的出版模式。产品应充分利用技术提升出版、发行以及与其他资源进行整合的效率。

4. 加州大学的很多学者是学术期刊和其他出版物的重要投稿人,其内容被加州大学图书馆许可用于教学、研究和社区服务。

四、许可

1. 信息供应商应当采用一个包含所有加州大学许可协议条款的标准协议,该协议要明确地说明图书馆及其授权用户的权利。准许的用途应包括标准学术用途,如馆际互借、为课程搜集资料和保存阅读列表以及学者和研究人员的交流共享。

2. 作为服务于加州的公共机构,加州大学的授权用户包括教师、职员、学生和所有在加州大学的"地盘"内使用资源的用户。加州大学的"地盘"包括每个物理和虚拟的位置。加州大学将以真诚的努力获得授权用户的认可。加州大学高度重视个人隐私,不会使用泄露或威胁个人隐私的系统。加州大学会优先选择已有或致力于开发用于认证的可扩展模型的供应商。

3. 加州大学要求供应商制定无论何时都对许可社区范围内的用户对已购买或许可使用的内容提供永久访问的合同条款。合同应详细说明万一供应商的某一资源被删除或移除,如何保障用户永久访问的方法和责任。

4. 许可应包含将永久许可的内容存档在一个或多个第三方信任的数字保存库以保证资料的长期完整性。数字保存库应遵守开放档案信息系统(Open Archival Information System, OAIS)、参考模型(Reference Model)和 RLG/NARA 等数字保存标准。

5. 供应商应提供拥有长期许可内容的完整数字档案的方法。商业条款应详细说明这些存档副本的合理使用。

6. 加州大学在履行图书馆的职责时肯定合理使用的重要性,要求许可不能废除图书馆及其成员根据版权法享有的权利,包括但不限于合理使用和馆际互借。

五、功能性和互操作性

1. 加州大学使用符合网络资源在线使用统计 COUNTER(Counting Online Usage of Networked Electronic Resources)标准的数据,应作为许

可合同条款的一部分。个人用户的机密及其检索必须得到充分的保护。加州大学使用数据生成的数据可提供给信息提供商。

2. 加州大学将优先考虑设计和架构不限制访问和服务集成的产品。这类产品的特点有以下特点：数据格式符合业界标准、支持元数据和数据输出、具有互操作性。

3. 接口应符合行业标准（包括性能标准），专注于已知功能的需求，避免增加不必要的平台。加州大学与供应商共享可用性发现和功能需求信息。

4. 如果供应商信息格式和内容发生变化，供应商必须及时通知加州大学图书馆并与加州大学一起协调执行。

第三节　电子书采购和许可原则及其评估

随着电子书市场以及用户对电子书的接受程度的发展，加州大学图书馆根据馆藏建设委员会电子书工作组的建议于 2008 年制订了电子书收藏的指导原则。电子书工作组重新修订了加州大学数字资源采购和许可准则并将其扩展到电子书包（e-book packages，指集成购买的电子书，如 Netlibrary、ebrary）和服务。加州大学数字资源采购和许可中的一些基本原则都适用于电子书，然而，电子书在访问模式、许可条款、内容和管理需求方面要求有更明确的声明。因此，该电子书工作组建议修订加州大学数字资源采购和许可准则，将电子书作为加州大学图书馆馆藏协调和合作管理的重要组成部分。以下是电子书工作组建议的概要：

1. 该原则应该作为加州大学数字信息采购和许可原则的一部分。

2. 电子书工作组向加州大学图书馆馆藏发展委员会提出联盟采购多个学科或多个出版社电子书包和服务的建议。

3. 加州大学图书馆馆藏建设委员会应当制定与共享馆藏计划相关的电子书的指导原则。

4. 加州大学图书馆应持续关注电子书权利研究的进展。

5. 每三年对采购原则和优先获取模式进行重新评估。

一、电子书及其服务采购和许可原则①

电子书原则的修订适用于两种类型的电子书:印刷版数字化的电子书和原生数字格式的图书。越来越多的商业化获取的电子书包只能通过电子方式访问。同时,各种数字化的项目正在加速发展,大大增加了印刷版图书数字化的数量。在任何情况下,灵活地执行电子书采购和获取原则以适应不断变化的教学支持和研究需求都是非常重要的。

1. 内容/馆藏管理

(1)如果电子书与印本书重复,包括来自那些大规模数字化项目的电子书,应考虑或计划采用共享印本专著战略。

(2)如果电子书与印本图书不完全重复,供应商在所提供的描述性编目和编目记录中应当注明,这个信息在选择资源的时候最好非常明显。

(3)学校对电子书包的有效管理和评估需要每本书的使用统计。

(4)尽管有时直接从出版社获得电子书更有利,标准学术图书供应商提供的电子书仍是首选。

(5)如果出版社通过多种渠道提供不同版本的电子书,出版社的版本是首选。

2. 成本和价格

(1)鉴于电子书的内容可能会动态的更新,首选的商业模式将根据需要保留的内容有所不同。尽管图书馆一般喜欢购买有永久访问权限的电子书,如能以一系列合理的价格提供租赁、拥有、用户驱动等

---

① Guiding Principles for Collecting Books in Electronic Format [EB/OL]. [2016-01-07]. http://libraries.universityofcalifornia.edu/groups/files/cdc/docs/ebooks_final_report.pdf.

选择的供应商也是首选。

（2）如果针对单用户和多用户访问有不同的价格，多用户访问的价格最好是单用户访问价格的1.5倍到2倍，这将根据对内容价值的评估来决定。

（3）在许可协议中应当包括合理控制价格的上涨。

3. 变革策略

（1）除了降低访问障碍（如开放获取模式）的变革性模式或替代以盈利为目的的昂贵的出版模式，电子书的出版模式，例如那些随新型的博客平台WordPress出现的模式，建立在合作的社交网络成功的基础上，进一步转变了学术交流模式。电子书提供了真正整合评论与持续更新和发展研究的潜力。

（2）大学出版社正在重新定义自己的专著出版战略，为图书馆提供机会共同支持新的学术交流方式，尤其是提供高质量的创新模式或同行评议程序。

（3）访问和使用大规模数字化的图书的策略也可以促进图书馆模式的变革进程。

4. 许可

（1）供应商应当保证图书馆拥有许可的电子书内容的所有组成部分（包括文本、图像和声音）的权利。

（2）电子书服务方式应该是通过IP地址与/或并发用户授权的用户提供访问权限。登记模式不是首选，因为它与图书馆服务保护用户隐私的理念背道而驰。

（3）应允许图书馆按照不同的格式借阅其购买的整本图书（如果购买的是纸本的，提供纸本借阅；如果购买的电子版的，提供电子版借阅。）如果出版物可以分为各个章节或各个部分，还应允许图书馆按章节提供借阅。对借阅者来说，所借的电子书应该是可利用与易用的。

（4）许可协议中关于访问的条款和条件的信息对用户和所有图书馆工作人员应该是容易理解的，对访问获取资料的许可与限制应在许可协议中说明，而且应该以书面的使用控制来通知图书馆监控访问后的资源利用情况。对每种资源都应该有充分必要的权限和限制的信息。

5. 功能性和互操作性

（1）电子书包应该可以广泛用于研究、教学和学术的目的。准许的用途应包括标准学术实践，如以电子方式浏览、提供介绍和展示、通过网络提供访问、在课堂或其他公共场所展示、远程访问、学者之间共享等。

（2）电子书软件应该通过提供高级检索、浏览、突出和标记文本、与引用工具整合、与外部参考工具书、引用资源链接等功能来增加其价值。

（3）用户访问和使用电子书不需要透露个人信息。用户不应被要求建立个人账户。如果用户利用附加的服务如书签或标记等功能而必须要建立账户，用户应该有权选择创建一个账户或只访问和使用电子书基本服务而不使用其附加服务。如果用户创建账户，供应商必须承诺保护用户隐私。

（4）用户对购买的电子书有权选择以有效的方式下载电子书全文或者下载到外部设备上，如掌上电脑。

（5）用户下载的电子书，用户应能够在外部软件（如 PDF）中对其内容进行标记，突出和注释。

（6）所有的分馆及其用户应该能够在同一时间利用同一本书。这些用途包括对整本书的浏览、下载、打印，租借、展示和分享。这尤其适用于需要完整阅读的图书，如小说。如果这本书适合部分阅读，如散文集、分章节的图书或指南，图书馆和用户还应该能够利用图书的一部分。用户还应该能在文本中利用图像、图形和图表等内容。

（7）在适当的时候，用户可以选择有效的方式打印整本书的内容。图书馆应该能够在合理使用保障条款和美国版权法的保障下提供按需印刷、绑定保存和其他图书馆服务。

（8）无论是常规服务或附加服务，电子图书访问应符合美国残疾人法案（ADA）。

（9）无论已购买还是没有购买的电子书，都应该能够集成到标准的供应商选择工具中。

（10）电子书包应当包括每本书的 MARC 记录和元数据。图书馆应能增强描述性数据。还应当与印本图书一样提供独立的电子书的 MARC 记录。

（11）用于发现电子书的元数据、片段和描述信息应该是开放的，能够揭示到所有的索引、链接和访问服务中，图书馆应该可以揭示这些信息。

（12）电子书的提供方式应该是独立于特定操作系统、平台和浏览器的，而且在任何当前的版本下访问/利用都是同样的。电子书的内容应该能够从内容提供商转入转出。

（13）来自不同组织和供应商的电子书的内容应当是可互操作的。

（14）购买前的为了评估，应该提供试用。

（15）电子书出版商应提供题名列表，并尽量同时出版电子版和印刷版本。如果电子版和印刷版不同时出版，出版商应尽量披露两者出版相差的时间。

（16）允许为了支持教学而临时增加访问。

二、加州大学图书馆电子书评估①

电子书正在演变为教学、学习和研究必不可少的内容，加州大学图书馆寻求支撑其核心价值与大学使命的电子书发展方式。加州大学图书馆认为，有责任根据图书馆主要用户的需求塑造新的学术出版环境，使其更有效的管理图书馆馆藏经费。

以下原则声明 2013 年发布，应用于电子书并反映加州大学图书馆的工作重点。加州大学图书馆将与出版社、数据库集成商和其他学

---

① UC Libraries E-Book Value Statement［EB/OL］.［2016 - 01 - 07］. http://libraries. universityofcalifornia. edu/groups/files/cdc/docs/UC_Libraries_E-Book_Value_Statement. pdf.

术团体一起致力于研究恰当的标准和应用这些原则的最佳实践。

1. 内容支持研究和教学

(1)以合理的成本允许不限数量的并发用户访问。

(2)同时获得印刷版和电子版的题名列表。

(3)印刷版和电子图书的内容的一致性,包括补充材料和高质量的插图。

2. 合理使用与学术交流

(1)许可协议不限制合理使用,包括课程准备,课程管理系统和课程包。

(2)通过馆际互借借阅电子书的权利应当与实体书类似。

(3)许可协议支持超出机构范围的同事间的学术分享模式。

3. 积极的用户体验

(1)能以各种方式包括图书馆目录、公共门户网站和其他用户常用的搜索界面发现和获取电子书。

(2)能通过各种平台和设备访问并将电子书内容下载到便携设备,并且访问的方式能随着新技术的出现而发展。

(3)能高效方便地打印、复制、保存和注释电子书内容,能将书目信息输出到引文管理软件。

(4)轻松浏览:下载前可预览内容;通过内容、索引和脚注的超链接浏览电子书内容;通过永久有效的网址返回电子书内容。

(5)遵守国家和联邦法律的美国残疾人法案(Americans with Disabilities Act,简称 ADA)。

4. 产品平台

(1)购买或订阅的电子书的内容能够随着平台的发展和变化在不同平台间转移。

(2)如果在一个平台上购买和/或许可的内容也可以在其他平台上访问,在所有平台上访问不应收取额外费用。

(3)用户信息保密。加州大学图书馆完全遵守加州读者隐私法 California Reader Privacy Act(SB 602)。

（4）支持资源管理和评估的数据，包括符合网络资源在线COUNTER 的使用统计。

（5）随着内容的添加和更改进行例行通知。

5. 可持续和合理的商业模型

（1）对购买的内容的永久访问不受平台生命周期的影响。

（2）保留存档的权利，包括在本地存档或者通过图书馆选择的第三方存档。

（3）合理和灵活的定价模式，可以选择按主题购买和/或单本购买，反对单一的捆绑产品。

（4）维护和/或访问费用最少或者没有。

第四节　加州大学图书馆特色项目

一、eScholarship 项目

eScholarship 项目由加州大学数字图书馆于 2000 年启动。2002年，加州大学数字图书馆创建了学术研究成果仓储（eScholarship Repository）和 eScholarship editions。eScholarship 使用加州大学数字图书馆开发的技术提供开放获取出版平台和核心研究工具，帮助研究机构、出版项目和个人学者与加州大学共同直接管理其学术成果的创作和发布。eScholarship 项目致力于形成一种经济、高效的可持续发展模式，以促进各领域的学术交流与发展①。

eScholarship 支持的学术出版模式包括：（1）学术研究成果仓储，包括预印本和同行评审的内容；（2）基于网络的数字出版；（3）既面向研究人员也面向大众读者的学术著作电子版。目前，eScholarship 还提供图书的按需出版以及电子书的分发/销售。eScholarship 收录的学术

---

①　About eScholarship［EB/OL］.［2016 – 01 – 07］. http://escholarship. org/about_escholarship. html.

资源包括学术期刊、专著、会议录、研究报告等,此外 eScholarship 还提供后印本和预印本的存储和发布。eScholarship 项目自 2002 年创办到 2016 年 1 月,已有 355 多个团体或个人参与其中,有各种出版物 98 052多篇,其中期刊 79 种,图书 2000 种,文献的浏览量已累计达 29 007 919篇①。

1. 加州大学学术成果全文仓储(eScholarship Repository)

eScholarship 仓储由加州数字图书馆和加州大学图书馆联合主办,是加州大学研究成果的收藏库。eScholarship 仓储为研究人员的创新提供条件,并支持学术信息生产和发布的新模式。2013 年加州大学学术理事会采用了新的开放获取出版政策,确保未来加州大学所属的 10 个校区的员工的研究论文向公众免费开放。只要作品在版权等方面有相应的政策允许,图书、期刊、会议论文和电子学位论文都可提交到 eScholarship 仓储,无论这些作品是以前出版过的还是新出版的②。eScholarship 仓储所收录的学术研究成果都经过同行评议管理系统的严格控制,并提供永久访问和保存。

2. 加州大学出版社出版物的数字馆藏③

加州大学出版社出版物的数字馆藏(CDL's Digital Collection of UC Press Titles)的前身是 eScholarship Editions,它是加州大学出版社和加州数字图书馆的联合项目。eScholarship 图书包含近 2000 种学术出版社的电子图书,图书内容覆盖艺术、科学、历史、音乐、宗教和小说等诸多领域。所有的资源供加州大学师生免费利用。此外,eScholarship 项目特别提供其中的 700 多种电子图书免费在线浏览(以"public"标识)。大部分电子图书的印刷版可以向出版商购买。加州大学出版社

---

①　About eScholarship[EB/OL].[2016 - 01 - 06].http://escholarship.org/homepage.html.

②　UC Open Access Policies[EB/OL].[2016 - 01 - 06].http://osc.universityofcalifornia.edu/open-access-policy/.

③　New Name for CDL's Digital Collection of UC Press Titles[EB/OL].[2016 - 01 - 07].https://www.ucpress.edu/blog/tag/escholarship-editions/.

数字馆藏的新名字更准确地反映了其包含范围和起源,有助于推进加州大学数字图书馆的开放获取出版服务。

二、Hathitrust 项目

HathiTrust 是由美国机构合作委员会(Committee on Institutional Cooperation,简称 CIC)图书馆联盟和加州大学图书馆联盟于 2008 年 10 月共同创建的数字仓储项目。HathiTrust 致力于将大学图书馆几个世纪以来所承担的"信息保存和获取"这一历史使命在数字环境下继续发扬光大,将合作收藏、组织、保存、交流与共享人类知识成果确立为自己的使命①。

HathiTrust 项目为所收藏的公共领域和受版权保护的文献资源提供长期保存和获取服务,其资源主要有三大来源:Google 图书项目、InternetArchive(IA)和各机构内部成员馆独自开展的数字化项目。HathiTrust 保存的资源包括数字化扫描文档、特色馆藏和原生数字资源。印刷型文献的数字化扫描是 HathiTrust 最主要也是最艰巨的工作任务。数字化的资源每天都在增加。截至 2015 年 8 月 100 多个成员馆的数字化扫描文档已达到 1300 多万卷,621TB。其中包括 690 多万种图书,来自加州大学图书馆的 300 多万册 Google 数字化的图书构成了 HathiTrust 的主体。公共领域的资源有 540 多万册,占总资源数量的 39%②。互联网档案数字化 Internet Archive(IA)(其中包括来自加州大学图书馆的 19 万册)构成了第二大组成部分。HathiTrust 所有数据均存于密歇根大学图书馆,该校有专门团队负责数据维护工作,此外还在印第安纳大学有一套备份数据。

HathiTrust 项目非常重视与其他项目的合作,其中最突出的就是

---

① Missions and goals[EB/OL].[2016 - 01 - 07].https://www.hathitrust.org/mission_goals.

② Welcome to the shared digital future[EB/OL].[2016 - 01 - 07].https://www.hathitrust.org/about.

与 Google 的合作。CIC 和加州大学系统都参与了 GoogleBookSearch 计
划,对其印本馆藏进行数字化扫描。HathiTrust 的一半左右内容是以
参与 Google 图书计划的会员藏书为基础的。此外,Hathitrust 项目的
很多成员馆也参与了由互联网档案数字化 IA 资助的公共领域资源数
字化项目,因此在 Hathitrust 数字图书馆里收藏了来自 Google 和 IA 的
数字化文档。基于共同的目标,2009 年 Hathitrust 宣布与 OCLC 合作,
双方最终于 2011 年 1 月发布了 WorldCatLocalPrototype,HathiTrust 有
了统一的检索平台①。该检索平台使得 HathiTrust 数字馆藏更容易被
发现和利用。

---

① HathiTrust Digital Library and OCLC introduce WorldCat Local prototype
[EB/OL]. [2015 - 08 - 06]. http://www. oclc. org/en-US/news/releases/2011/
20114. html.

第十章　悉尼大学图书馆

第一节　悉尼大学图书馆电子资源发展政策

一、悉尼大学图书馆电子资源发展历史

悉尼大学图书馆提供了丰富多样的资源收集来支持大学的教学和研究计划。从稀有图书到广泛的印刷品收藏,从大范围的电子资源到研究数据,这些收藏为造就一个领先的研究型大学提供了大规模的深度服务。所有教职工和学生通过目录、检索和图书馆数据页面均可使用电子资源,还可以通过获得许可,向校友和其他图书馆及社区成员提供资源。

悉尼大学图书馆电子资源发展历程如下:

1972年悉尼大学医学图书馆安装了第一个电子图书检索系统。

1976年悉尼大学医学院借由计算机终端完成了第一次试探性的步伐,即寻找海外数据库——医学文献数据库。

1996年悉尼大学图书馆建立学术电子文本和图像服务(SETIS),这是提供全文数据库服务的平台。SETIS是澳大利亚第一个此种类别的服务,目前已经发展为一个创新电子出版业和数字图书馆项目的国家平台。SETIS是诸如AustLit(澳大利亚文学资源)数据库、澳大利亚全文数据库联合会和澳大利亚数字论文项目等合作项目的参与者,甚至是主办者。

1999年悉尼大学图书馆制定了一项政策,即在电子与纸本同等版本都可用的情况下,优先采用网络电子资源。

2002年悉尼大学图书馆购买了电子资源"早期英语在线(EEBO)"。EEBO提供了1473年到1700年之间包含2250万页在内的125 000种图书的图像。

2002 年悉尼大学图书馆在电子出版方面的作用得到了进一步的发展。除了 8 种来自 AustLit 数据库中的殖民印记系列未能收录以外,SETIS 为悉尼大学 3 种再版书建立了电子版本。现在电子文本的创建和托管已经突破了 200 种①。悉尼大学图书馆加入了国际早期英语图书在线文本创作伙伴关系,并且通过 SETIS 分担了这一重要的数字化工程一部分。

二、悉尼大学图书馆电子资源政策、策略和指导原则

悉尼大学图书馆从数字资源诞生起看,就一直重视其发展动态,通过了一系列有关电子资源的政策。

1. 网络电子获取政策②

1999 年,图书馆实施了一项政策:倾向于购买网络电子获取资源优先于相等内容的印刷品。该政策经过院系和部门的广泛磋商并获得图书馆委员会和学术董事会的批准和认可。图书馆委员会 1999 年 9 月 20 日 LC4/99 决定,如果提供的期刊和其他信息资源全文、网络电子形式是可用和合适的,那么将不再购买相等的印刷版本。

学术交流形式和学科研究材料出版的本质转变为考虑资源利用实现战略和创新的转变提供了机会。促进这种转变的动力来自于网络资源提供的强大优越性,包括:24 小时不分地点的检索;比印刷版更快更直接的传递信息;改良的功能。

在制定该政策的协商过程中,涉及这项政策转变以及实施的一系列问题被提出并讨论。主要涉及质量、规定,以及仅以电子格式提供

---

①　A Brief History of the University of Sydney Library［EB/OL］.［2016 - 02 - 22］. http://sydney. edu. au/library/about/uslhistory/uslhistory05. html.

②　Policy on Networked Electronic Access-Preference Over Print［EB/OL］.［2016 - 02 - 22］. http://sydney. edu. au/policies/showdoc. aspx? recnum = PDOC2012/243&RendNum = 0.

访问的资源长期利用问题等。经过讨论,达成了政策贯彻实施的一系列指导方针。包括:

- 相等——电子版本与印刷版本相比至少要在内容和图像质量上相等。
- 价格——电子版本的订阅花费不得高于印刷版本。当然,订阅费用以外可能需要其他诸如站点许可权和平台费用等额外开销。
- 内容流通——可用电子版本不迟于印刷版本。
- 数据存档和长期存取——图书馆需要确信电子版本有适当数据存档和长期利用方法存在。
- 连续性——图书馆需要得到合理保证,在印刷版本取消之前,产品将在稳定的供应商平台可以持续提供。

这一政策已被一些出版商实施,包括 Elsevier(Science Direct)、Academic Press(IDEAL)和 Wiley。

2004 年 9 月,图书馆委员会 LC3/04 把政策扩宽到电子回溯期刊的购买。委员会进一步决定如果已获得的电子回溯资源的合适的存档得到保障,那么图书馆相同的印刷馆藏就可以剔除了。

这一政策由图书馆电子资源小组监管实施,包括技术因素。

2. 电子书和电子教材指导原则①

2011 年以来,全球电子书市场不断变化和发展,数字格式的可提供书籍增长量相当大。电子书在学校的优势也得到普遍认可。在这种快速变化的环境下,图书馆意识到不同的存取模式才能满足不同院系和学校的需求。为此,在 2014 年图书馆制定了"悉尼大学图书馆电子书和电子教材指导原则"。下面是主要内容。

(1)优先电子获取

电子获取优先的规定使图书馆在购买电子书和电子教科书时要优于同等印刷品。这些指导原则为实现图书馆的目标做出了贡献,比

---

① University of Sydney Library Ebook and Etextbook Guidelines [EB/OL]. [2016 – 02 – 22]. http://www. library. usyd. edu. au/about/policies/etexts. html.

如为支持和提高大学研究和教学提供电子资源和对图书馆网络化电子资源存取政策做出了补充。

图书馆优先购买电子载体的资源,并且在印刷品和电子书同时可用的情况下购买电子书。但是图书馆意识到电子索取资源并非适用于所有情况。用户在一定情况下会要求纸质资料:

- 如果插图类材料(表格、图表、照片、插图、音乐符号、英语以外的字母系统等)的图像质量不能满足教学、学习或研究,或者打印结果不能接受。
- 如果在合理时间段内电子版书不可用或者找不到合适的电子书。
- 当电子书使用的许可或条件不能满足教学、学习或研究的有效使用需求。
- 珍本或特藏品需要物理载体。

(2)购买

悉尼大学图书馆通常(并不完全)通过以下方式购买电子书和电子教科书:

- 订阅或租借
- 买断(永久访问)
- 读者决策采购(PDA)

永久访问的购买优先于订阅,除非订阅模式提供持续更新的版本或者永久访问的成本过高。

通过读者决策采购的图书已经出现在图书馆的目录中。当打开、下载、打印和保存这类图书时,就会引起购买或者短期借阅。

所购买的电子书作为电子书馆藏的一部分或者可以单独存在。悉尼大学图书馆电子数据库网站中列出了电子图书馆藏的目录。根据所提供的利用和购买模式,图书馆有一些优先选择的出版社。从非首选供应商处购买也是可能的,尽管定价模式研究和访问模式谈判可能延误购买。

图书馆认为电子教科书是一种新的和独特的出版形式,本质上与电子书有很大的不同。电子教科书生来的特性是其印刷本不可能提供的，包括定制、评价和音频/视频资源。

电子教科书的访问和定价模式也有所不同。出版商在购买电子教科书方面经常排除图书馆，直接面对学生或者学者。那种对图书馆的销售，按照每一个注册学生单独收费的模式，对图书馆的预算来说成本过高。

不经过图书馆购买程序购买的电子书和电子教科书，不能得到图书馆的资金。图书馆不会购买任何过度限制访问模式的电子教科书，比如说每个学生的有效成本过高，或者对特殊学生群体，如研究团队集体，限制利用等情况。

根据 2003 高等教育支持法案（HESA）和 2003 高等教育提供者（HEP）指南，图书馆要确保所有学生公平获取教科书的权利。澳大利亚大学图书馆委员会已经强调，当学术人员直接与出版商签订合同购买电子教科书，要注意有无违反"高等教育提供者指南"的可能性。因此，如果学术人员为学生直接向出版商购买或出版电子教科书，建议考虑以下几点：

- 估价模式是否可定制？
- 是否包括自己的评价？
- 是否与"黑板"兼容？
- 获取方式是购买还是租赁？
- 是否涉及学生数据的隐私？例如，学生数据是否被出版商服务器储存？
- 如果学生使用数据和个人数据被商业供应商利用是否有法律问题？
- 检查许可的条款和条件，从而保证与大学指导原则相契合。
- 评价是否遵守大学和 HESA/HEP 指导原则？

（3）预算

一些电子书和电子教科书只能通过与出版商提供的其他图书打包购买的方式购买，不能单独购买。如果订阅或者购买包括电子书/

电子教科书的捆绑包的费用过高,那么图书馆就不可能购买这些图书。

(4)许可和隐私问题

出版商之间的电子书访问结果有所不同,有一些严格限制访问但另一些则是非常开放的。当出版商设置访问条款时,有些电子书提供了多用户无限制访问,内容的全文下载,无限制打印或者保存。其他的则限制包括每年使用数量,限制打印数量、复制或者下载,或者不提供移动设备下载。

图书馆优先购买可以在一系列设备上使用,而不需要额外的软件的电子书和电子教科书。

(5)数据版权管理

有关查看和下载电子书的技术问题是复杂的,涉及软件要求,设备兼容性,数字版权管理和版权保护的等一系列问题。

在某些情况下,为了管理出版商的数字版权,要求使用第三方软件来阅览电子书和电子教科书。

3. 电子馆藏管理原则①

悉尼大学图书馆制定了 10 条馆藏管理原则。其中涉及电子资源的主要有以下几条:

● 大学图书馆提供信息资源,主要支持当前悉尼大学的工作人员和学生的学习、研究和教学活动。

● 该大学的校友、澳洲社区的成员和国际学者可以访问图书馆。

● 提供开放存取的馆藏要尽可能放在最集中的用户群体能最好利用的地点。

● 图书馆通过悉尼 eScholarship 与善本和特藏馆,以手稿、印刷品和电子资源载体来收集、保存大学的知识产出。

● 如果可行,期刊和其他信息资源要通过全文、网络电子载体提

---

① Collection Management Principles[EB/OL].[2016 – 02 – 22].http://www.library.usyd.edu.au/about/policies/collection-management-principles.html.

供,不再购买和储藏相同的印刷版本。

● 图书馆能保证长期存取的电子资源的印刷版本要评估转为储存或剔除。

此外,图书馆的电子期刊和数据库的使用通常由大学签订的合同条款管理。这些合同往往涉及版权法,即可以复制的数量是按照版权法规定的。一般来说,可以为了研究或学习打印和下载需要的资料。供应商频繁的监控他们数据库的使用情况,不允许过度的下载。

第二节　悉尼电子学术资源库

一、悉尼电子学术资源库概况①

悉尼电子学术资源库(Sydney eScholarship Repository)是由悉尼大学图书馆发起的,是悉尼大学的一项创新服务,该项服务为研究团队提供了一个安全存储与在线利用文献和数据的平台,它存档了一系列重要的大学出版物,为当前和未来的研究者构建了全球资源。

资源库的最初的发起方包括:悉尼大学出版社,学术电子文本与图像服务、悉尼电子论文等。

悉尼电子学术(Sydney eScholarship)的特点是②:

● 在悉尼大学支持和促进电子研究和电子学习;

● 电子内容的安全与存档;

● 对基于网页获取的内容提供管理;

● 通过新的和成本效益的过程来增加学术出版物的价值和影响;

---

① About the Sydney escholarship Repository [EB/OL]. [2016 – 02 – 22]. http://ses. library. usyd. edu. au/ses/about. php.

② Sydney Escholarship[EB/OL]. [2016 – 02 – 22]. http://escholarship. usyd. edu. au/index. html#top.

- 以资助 DEST 研究为目的提供认可的出版；
- 促进创新和实验；
- 落实电子可持续性原则和标准；
- 提供咨询和项目分析服务；
- 使电子内容能被管理使用、再利用和再包装；
- 与大学和学院合作服务；
- 提供电子商务、电子储存和商业性支持服务。

悉尼电子学术研究是建立在被图书馆认可的创建、归档、管理、出版、提供电子内容获取等专业知识基础之上的，是与其他大学合作服务的。

二、政策和指导方针①

悉尼大学图书馆在悉尼大学的总体政策和监管环境中提供悉尼电子学术资源库的服务，特别是涉及知识产权政策、著作权法规的义务和要求、图书馆政策，与论文规定有关的其他政策、研究办公室要求、档案记录管理要求及学校规章制度。

员工主要通过两种方式向悉尼电子学术资源库提交资料。

- 个人能直接提交资料给资源库。资源库工作人员将审查数据并转移至合适的馆藏；
- 如果是特定的员工团体，可以指定某个成员来提交资料到特定的馆藏。

1. 内容参数与指导原则

- 作品必须由大学教师、系、学院或中心创作、投稿、资助或与之相关；
- 作品必须以学术或研究为导向；
- 作品应该是非短时效的；

---

① Policies and Guidelines [EB/OL]. [2016 - 02 - 22]. http://ses. library. usyd. edu. au/ses/roles. php.

- 提交存储的资料主要应该由学术和研究生研究材料构成,不包括荣誉论文或各系制作的资料;
- 不包括任何行政记录;
- 作品应当已完成,并在提交时已经检查;
- 作品必须以数字形式提供。如果其部分组成需要不同文件格式,所有数字作品必须作为一个整体提供(例如,一个 pdf 格式文件及其相关的数据文件);
- 首选的格式是资源平台支持的格式(参见 Points to Note-Preferred Formats);
- 作者/所有人应当愿意并同意悉尼电子学术资源库通过机构库保存和发布作品的权利;
- 如果作品是一系列或一套相关作品的一部分,其他作品也应当提供,要尽可能作为一整套提交。

2. 个人提交

只要满足内容参数和指导原则,悉尼大学的任何教职工成员均可向资源库提交资料。

提交者的责任:

- 确保资料符合内容参数;
- 愿意并能够授予许可;
- 确保资料的权限与权利清晰并授权下载;
- 愿意适当地描述所提交资料并使之可公开访问。

图书馆责任:

- 审查提交的数据并负责迁移到合适的馆藏;
- 保持和维护所支持格式的内容;
- 根据集体决定提供内容访问;
- 提供所有元数据的开放访问;
- 使用已认可的保存技术来保存内容;
- 告知社团成员内容的重要变化,例如格式迁移;
- 如果资源库平台发生变化,图书馆会与所有社团成员协商进行迁移和安排,或者返还收藏给仍存在的社团。

3. 社团与馆藏管理

作为特定社团的一员,其工作人员可被指定提交材料到特定馆藏。

（1）社团的定义:

什么是悉尼电子学术资源库内的社团构成?"社团"是一个长期稳定的大学组织或行政单位,能够承担制定社团政策的责任。一个社团必须有研究、教学或咨询重点,并且可以是教职员、学院、系或研究中心。社团可以定义其次级社团。

（2）如何管理社团?

每个社团必须指定一个协调员,与悉尼电子学术资源库的职员一起工作。社团管理与社团和图书馆所承担的职责一致。

（3）悉尼电子学术资源库与社团的责任和权利:

社团的责任与权利:

- 委派一名管理员:
  - 维护社区的指导方针;
  - 管理社区内提交内容的人员;
  - 删除项目和馆藏;
  - 批准增加或删除次级社团;
  - 与图书馆联系,设置定制化的社团界面;
  - 为社团做决策,决定收藏内容和社团成员资格;
- 安排内容的提交和描述;
- 了解和遵守悉尼电子学术资源库的相关政策,包括有关权利和许可,并引导社团内容提交者遵守这些政策;
- 及时通知影响提交的组织变更;
- 决定社区内每个收藏的提交流程;
- 就元数据、报告和支持与相关学科专家联系。

社团保留以下权利:

- 决定谁可以在社团内提交内容;

- 决定有关提交内容的政策（在内容指南的范围内）；
- 限制访问一个收藏或单项的内容，但是不能限制元数据访问；
- 删除单项和收藏；
- 批准增加或删除次级社团；
- 与数字资源库的协调员一起为社团界面设置定制化服务。

图书馆的责任与权利：

- 保持和维护提交给悉尼电子学术资源库支持的内容格式；
- 根据社团决策提供内容访问；
- 提供所有元数据的开放访问；
- 使用公认的保存技术保存内容；
- 通知社团发生显著变化的内容，如格式变化；
- 如果资源库平台发生变化，图书馆与所有社团成员协商，进行迁移和安排，或者返还收藏。

图书馆保留以下权利：

- 在社团的事先批准下，资源库内资源各单项的再发布、出售或者元数据修改；
- 在某种特定环境下不增加单项或收藏，拒绝不在内容参数限定范围内的单项或收藏；
- 必要时与社团重新协商有关原始条款；
- 当社团不存在，或者创建的收藏在 30 年内时，要进行长期归档评估；
- 悉尼电子学术资源库和社团之间按照协议迁移收藏来应对发生的变化；
- 当所支持的格式面临保存风险时进行数据迁移；
- 考虑设置配额（如文件大小，单项数量）以确定什么情况是免费服务，什么情况要收费；
- 考虑对附加或增值服务进行收费，例如转换服务、特殊定制、其他增值服务或者需要广泛支持的行为。

4. 访问政策

所有社团、收藏和单项的元数据在网络上可以看到,而且不被限制的。对实际内容的访问限制可以作为一项通用政策或者在社团级别制定。

第三节　悉尼大学图书馆特色数字馆藏

一、自建数字馆藏资源概况

图书馆为了保证数字馆藏的特色性,一般要把自己原有的特色资源进行数字化。悉尼大学图书馆也不例外。其特色数字资源一般是由大学图书馆发展或与其他机构联合倡议的。作为大学图书馆,主要通过与大学工作人员的合作(通常是合作关系)并且得到外部机构的支持而创建的。图书馆持续与研究人员和学者建立合作关系创建新的数字馆藏,有力地促进了发现、学习和学术水平的提高。这些数字馆藏大量补充了图书馆电子资源,为大学工作人员和学生使用图书馆网页和目录提供了便利。

目前图书馆有 20 多个特色资源库。这些自建数字资源的内容反映了悉尼大学丰富的馆藏资源,从善本手稿、罕见的澳大利亚文学和历史作品,到艺术图像和植物与考古数据集。

二、悉尼大学图书馆特色数字馆藏[①]

悉尼大学图书馆特色数字馆藏既有澳大利亚、悉尼地区特点,如很多有澳大利亚或悉尼特有的动植物资源、文学、艺术资源,又具有大学特色,如电子论文、电子学术资源等。详细内容见下表。

---

① DIGITAL COLLECTIONS AND PARTNERSHIPS[EB/OL]. [2016 – 03 – 01]. http://sydney. edu. au/library/digital/.

表1 悉尼大学图书馆的特色数字馆藏

名称	内容
考古鱼骨图像	馆藏包括从悉尼地区常见的鱼类考古遗址选取的诊断解剖元素图片,补充了其他悉尼不容易获得的有关现代悉尼物种的同族或属分类的参考资料
悉尼词典	悉尼词典是一个开创性项目,旨在创建新的悉尼历史:在线、不断增长和变化,涵盖人类生活各个方面。悉尼词典是一个关于悉尼历史的网站—包括城市神话人物、政治家、作家、梦想家、知识分子、体育人、罪犯,即与悉尼故事有关的任何人和事
电子论文	这是博士学位的数字档案,作为澳大利亚电子论文项目的一部分,包括悉尼大学博士和硕士专业论文
eBot 植物科学采集	悉尼大学的教职工和学生为 eBot 项目做出了贡献,提供了丰富的植物科学图像收藏
电子植物群	悉尼地区所有种类的维管植物检索表
在线展览	网上展览,重点展出珍本和特藏库里 170 000 多册珍藏本
科学前沿	浏览科学前沿的惊人档案,于有趣和互动环境中发现奇特真相
为了一首歌:Wang-ga 音乐人及其曲目	Wangga 是最有名的土著公共歌舞流派。该网站和相关图书,集中收集了过去 50 年内 Wangga 音乐人为自己社区和公众创作并表演的歌曲
电子研究:生活技能信息	提供快速、简便的模块来查找工作、研究的相关信息
约翰·安德森档案:讲座、笔记、其他作品	作为 1927 年到 1958 年哲学专业查利斯教授的安德森的专藏。旨在提供约翰·安德森生活工作中全面的学习和研究资源

续表

名称	内容
Joseph Henry Maiden 植物学文本	致力于开拓性的植物学文本及图片收藏
内陆探险历程	致力于新地理的探索主要遭遇的收藏
悉尼大学艺术学院存档	悉尼大学艺术学院存档是当代视觉艺术的独特收藏,展示了艺术学院的学术研究人员、学生和校友的学术研究
悉尼电子学术研究刊期在线	创建在线期刊是为了促进从悉尼大学期刊、会议和协会中选出内容的创建、编辑、出版和存档。是通过开放源码的期刊管理和出版软件"开放期刊系统"完成的
悉尼电子学术研究资源库(即第二节介绍的内容)	是悉尼大学图书馆的发起的项目。详见第二节
悉尼研究在线	这是一个只允许内部访问的研究材料资源库(文章、图书章节、会议论文),由悉尼大学工作人员产生,已经向高等教育研究数据收藏和教育资源报告过的资料组成,代表了 2002 年至今的研究产出

三、合作项目①

　　澳洲在数字资源联合建设方面一直走在世界的前列。早在 1996 年,澳大利亚国家图书馆发起了多家图书馆协作的"网络文献资源保存与利用项目"。悉尼大学作为澳大利亚最有名的大学,悉尼大学图书馆作为澳洲最有名的大学图书馆,收藏者丰富的特色资源,参与澳大利亚数字资源联合建设是必然的。下面是其参与的合作建设的资源库列表。

---

　　① DIGITAL COLLECTIONS AND PARTNERSHIPS[EB/OL].[2016 – 03 – 01].http://sydney.edu.au/library/digital/.

表 2　合作建设的资源库列表

名称	内容
澳大利亚合作数字化项目	澳大利亚合作数字化项目是澳大利亚国家图书馆的试验项目。建立 1840—1845 年间出版的澳大利亚杂志、报纸和小说的数字图书馆。悉尼大学图书馆组织的四部小说数字化工作包括在该项目之中
澳大利亚电子馆藏	悉尼大学图书馆收藏的文学与历史文本是该项目组成。该馆藏从 1997 年以来在一些国家拨款和合作机构的资助中逐步增长。该项目包括了本表的其他项目
澳大利亚联邦全文数据库	收藏 19 世纪 90 年代的关于国家的辩论和辅助性作品。核心馆藏的数字化在 2001 年由"新南威尔士州联邦百年"资助。联邦运动的核心人物 Robert Garran 的作品数字化已经获准进行
澳大利亚诗歌图书馆	澳大利亚诗歌图书馆(APL)提供广泛的诗歌文本以及有关的关键材料,旨在促进澳大利亚诗歌的更好鉴赏和理解。其中包括访谈、照片和音频/视频记录。由悉尼大学与版权代理有限公司联合发起,资金来源有悉尼大学、版权代理有限公司和澳大利亚研究委员会①
澳大利亚诗人——Christopher Brennan, Lesbia Harford, Kenneth Slessor	20 世纪澳大利亚的三位主要诗人的诗歌的电子化作品收藏,获得澳大利亚艺术委员会的资金拨款
澳大利亚和国际税法经典文本	税法专家 Ross Parson 开创性作品及其他作品的数字化收藏,澳大利亚研究委员会提供资金

---

①　Welcome to the Australian Poetry Library［EB/OL］.［2016 - 02 - 22］. http：//www. poetrylibrary. edu. au/about-us.

续表

名称	内容
第一舰队和早期定居	与第一舰队有关的手稿和出版的杂志收藏,是与新南威尔士州立图书馆的联合项目。
新南威尔士州考古在线:灰色文献存档	新南威尔士州重要文化场所的考古和文化遗产的可持续数字信息存档,是图书馆与悉尼考古研究集团合作的项目。资金来源是新南威尔士州政府拨款。

第四节　悉尼大学图书馆商业电子资源

一、商业电子资源概况

为了服务悉尼大学,悉尼大学图书馆购买了内容非常丰富的电子资源。主要包括电子期刊数据库40多个、电子书数据库60多个,图像与在线视频数据库20来个。其中有些是交叉的。从如此多的商业资源可以反映出悉尼大学图书馆比较雄厚的资金实力。

因其大学图书馆的属性,内容所涉及的学科比较全面,人文社会科学、科学技术、健康和医学,参考工具等。特别关注的是,由于大学设有中国研究中心,电子资源中包括多种中文资源,如中国学术期刊全文数据库(即中国知网)、Apabi电子书、Apabi中国艺术博物馆。

商业资源的利用方式有严格的限制。一般情况是校内访问,或拥有某种特殊证件的人才能访问。悉尼大学图书馆校外访问的限制条件是:

(1)悉尼大学员工和学生;

(2)荣誉员工和大学所有权人可通过图书馆借阅号码登录注册获得访问;

（3）校友可通过校友信息页面访问有限资源；

（4）ULA 和社区借阅人在图书馆以外场所无权获取电子图书资源。下面各表提到的"校外使用有限制"都是这种情况。

二、电子期刊数据库

电子期刊数据库是大学必不可少的资源,悉尼大学图书馆订购了当今市场上比较重要的此类资源,如学、协会的资源,重要出版集团的资源,主要期刊集成商的资源。也列出了开放存取的资源。

表3　电子期刊数据库①

名称	内容	条款和使用条件
ACM 数字图书馆	美国计算机协会有关计算机科学、工程及一般计算问题的期刊,会议录	拥有大学UniKey 的学生或员工,或持图书馆借阅证的人员,校外使用有限制
ACS：美国化学学会网络版本和存档	从卷1开始的所有期刊档案	
ALPSP 学术期刊集（SwetsWise代理）	学术和专业学会出版社协会（ALPSP）提供的来自46家出版社的400多种期刊。90%为同行评审期刊；其中很多高居该领域的 ISI 影响因子前列	

①　EJOURNAL COLLECTIONS［EB/OL］.［2016 - 02 - 22］. http://www. library. usyd. edu. au/databases/ejournals/ejcollections. html.

续表

名称	内容	条款和使用条件
Annual Reviews 存档	Annual Reviews 出版生物医学、物理学和社会科学等领域 32 个重点学科的权威分析评论。在科学文献中被高频率引用。包括从卷 1 起的所有期刊档案	拥有大学 UniKey 的学生或员工，或持图书馆借阅证的人员，校外使用有限制
人类学资源 (AnthroSource)	人类学资源是一个服务于人类学家研究、教学和专业需求的在线资源服务。它提供了当代美国人类学协会的代表作品，包括美国人类学出版物中同行评审期刊、专著、公告和新闻。提示：目前不提供跨人类学期刊的资源检索	
Blackwell Synergy	学科范围很大的 750 多种期刊的获取，从卷 1 开始	
BioOne.1	BioOne 提供超过 68 种的生物、生态和环境研究期刊的全文访问。通过 CSA 检索或浏览 BioOne 期刊当前与过去的文章	
Brill 期刊	具有国际视角的全文学术期刊	
CAJ：中国学术期刊全文数据库	提供中国出版的所有学科领域的期刊的全文访问。该订阅由悉尼大学中国研究中心资助。注：有些文章有英文摘要。可以使用 Adobe Acrobat Reader 进行全文简体中文浏览或者从网站免费下载 CAJ 软件进行浏览。并非所有文章都是 PDF 格式	
CSIRO 期刊（澳大利亚期刊）	CSIRO 期刊涵盖学科广泛的澳大利亚及海内外顶尖科学家的最新研究	

续表

名称	内容	条款和使用条件
杜克大学出版社	包括 29 种杜克大学出版的人文社会科学期刊的在线访问	拥有大学 UniKey 的学生或员工,或持图书馆借阅证的人员,校外使用有限制
Emerald 工程电子期刊	Emerald 工程、材料科学和技术期刊访问	
Emerald 全文库	包含来自 100 多个管理类期刊的 35 000 篇文章的全文文档,回溯到 1994 年。包括战略、领导、信息管理、市场营销和人力资源管理等主要管理学科	
Haworth 出版社的电子期刊	获取涉及健康和社会科学的 30 多种期刊	
HeinOnline	HeinOnline 包括了 800 多种涵盖历史、法律、政治科学、公共政策、政治、犯罪等方面的期刊	
IEEE Xplore	全文存取,1988 年以来 IEEE 和 IEEE 期刊期刊、学报、杂志、信件和会议论文集,再加回溯到 1950 年的部分选取的内容;最新的 IEEE 标准。涉及 20 多个学科	
Informa Healthcare	医药、生命科学与医学期刊,通过 Taylor and Frances 提供	
Informaworld (现为 Taylor and Francis 在线)	Informa 公司拥有的由 Taylor and Francis 出版的电子书和 950 种同行评审学术期刊,跨多个学科	

续表

名称	内容	条款和使用条件
IngentaConnect	IngentaConnect 是一种杂志托管服务。仅限访问订阅的种类	拥有大学 UniKey 的学生或员工，或持图书馆借阅证的人员，校外使用有限制
Journals @ Ovid	汇集了 50 多个出版商和协会的百余个科学、技术和医学期刊	
JSTOR	图书馆购买的馆藏是：艺术与科学 I—XII 和生命科学。这使图书馆能获得更多学科，例如：非洲裔美国人研究、人类学、亚洲研究、生态、经济、教育、金融、一般科学、历史、文学、数学、哲学、政治学、社会学和统计等的期刊全文	
法律图书在线	由 Lawbook 公司出版的澳大利亚法律期刊馆藏，内容涵盖法律的多个方面	
LexisNexis AU	由 LexisNexis AU 出版的澳大利亚法律期刊收藏，内容涵盖法律多个方面	
Liebert Online	Mary Ann Liebert 出版的 55 多种期刊，涵盖生物医学研究、生命科学、生物技术、临床医学、外科手术、补充/替代医学、工程信息学、法律、心理学和公共卫生政策	
Maney 历史与人文收藏	58 种同行评审的国际历史和人文出版物	
自然（Nature）期刊	所有 Nature 出版集团的期刊	
OECD 电子图书馆	所有 OECD（经济合作与发展组织）出版物的全文，包括文件、期刊和统计数据库	

续表

名称	内容	条款和使用条件
Project Muse	包括 60 个学术出版商提供的 300 多种同行评审期刊,涵盖人文、艺术和社会科学多个学科	拥有大学 UniKey 的学生或员工,或持图书馆借阅证的人员,校外使用有限制
皇家医学杂志社	获取 5 年前至今的 RSM 出版的所有期刊	
心理学评论文章（1995年至今）	当代心理学——APA 书评,是对心理学相关资料的评论数据库。评论的主要是书籍,但其他媒体的电影或软件也会评论	
英国皇家化学学会（RSC）期刊与档案	获取现存的大多数 RSC 期刊,和 1841 年到 1996 年出版的 RSC 期刊档案库内的超过 200 000 种原创文章全文。这些可以通过个人链接在线目录获取	
Sage 期刊在线	访问 Sage 全文电子期刊馆藏和其他电子期刊	
ScienceDirect	ScienceDirect 是涉及生命、物理、医学、技术和社会科学等科学研究的网络数据库	
SPIE 数字图书馆:期刊（1962 至今）	SPIE 数字图书馆包括的主题有:跨生物医学的光学与光子学的应用研究、通信、传感器、国防与安全、制造、电子、能源和成像。本馆订阅包括会议录和期刊,不包括电子书	
SwetsWise	SwetsWise 是一种电子期刊代理服务商。仅能获取订购的种类	

续表

名称	内容	条款和使用条件
心理学文章（1985 年至今）	心理学文章是美国心理协会的期刊全文数据库。从搜索屏幕进行搜索	拥有大学 UniKey 的学生或员工，或持图书馆借阅证的人员，校外使用有限制
Taylor and Francis 电子期刊库	横跨多个学科超过 950 种同行评审学术期刊	
芝加哥大学出版社期刊	可获得芝加哥大学出版社出版的所有期刊	
Lexis. com 的美国法律评论	Lexis.com 可用的 900 多种美国期刊种类	
Wiley Inter-science	Wiley 出版的 300 多种科学、技术、医学和专业期刊	

三、电子书

悉尼大学图书馆共订购了 60 多种全文电子书库。学科全面，主要分为四大类，人文社会科学、健康和医学、科学技术、参考工具类。既有多种电子书库，也有单一题目，比如百科全书、词典等。以英文为主，其他语种还包括，如中文、日文等。从电子书的来源看，既有集成商，也有单一的机构或出版社。详见下表。

表 4　电子书数据库①

名称	内容	条款和使用条件
ACLS 人文电子书	由美国学术学会委员会(ACLS)与其他学会和出版商合作共建,包含大量人文学科全文图书	授权用户使用
Apabi 电子书收藏	中国出版的不同学科领域的中文电子书收藏。可使用中文检索。Apabi 允许无限次复制粘贴电子书内容,但不允许打印。需要查看电子书全文要求下载 Apabi Reader。读者可以选择在线全文阅读 10 分钟或者借 1 天。一次最多可以借 5 本书	拥有大学 Unikey 的学生或员工,或持图书馆借阅证的人员,校外使用有限制
亚洲研究收藏(来自 Chandos Publishing)	本系列收藏了 49 本书,从社会、经济、管理、政治和文化视角审视亚洲市场和经济体。单本图书主要研究特定地理区域,包括中国、印度、日本、韩国、泰国和越南等的此类问题	
Blackwell 参考在线	包括权威的 Blackwell 管理百科全书、Blackwell 社会学百科全书、国际交流百科全书以及管理、经济和计量经济学方面的手册和指南	
剑桥书籍在线	可获得的不断更新的大量电子书。通过检索标题、做高级检索和勾选限制的访问对话框	

---

①　EBOOK COLLECTIONS[EB/OL].[2016 − 03 − 01].http://www.library. usyd.edu.au/databases/ebooks.html.

续表

名称	内容	条款和使用条件
剑桥指南在线	剑桥指南介绍了主要的作家、艺术家、哲学家、主题和时代。每本都是对主题的系统评论。如柏拉图、犹太裔美国文学等	拥有大学 Unikey 的学生或员工，或持图书馆借阅证的人员，校外使用有限制
剑桥历史在线	提供剑桥大学出版社出版的剑桥历史完整系列，可通过 15 个关键主题区域浏览，包括美国、英国、经济史、科学史、图书、文学、戏剧、宗教、音乐、语言和战争	
芝加哥风格手册 16 版	脚注和书目参考系统。在线版能检索，快速找到有关编辑和风格问题的答案	
DOE：古英语词典	公园 600 年到 1150 年六个世纪内英语可查的词汇，按照字母 A 到 G 排列	
戏剧在线	戏剧资源，可全文获取大量重点剧目以及编剧、风格、表演、舞台艺术及更多的背景和语境作品	
早期欧洲图书	高分辨率图像，揭示从起源到 1700 年的欧洲的印刷历史，可获取 1 到 4 集	
EbscoHost 电子书收藏	涵盖所有学科的大量书籍，是图书馆高需求的重点书目	
18 世纪小说	1700 至 1780 年大不列颠群岛作家的 96 部完结版英文小说。关键人物包括丹尼尔·笛福，亨利·菲尔丁，伊丽莎·海伍德，塞缪尔·理查森，托拜厄斯·斯摩莱特，劳伦斯·斯特恩和乔纳森·斯威夫特	

续表

名称	内容	条款和使用条件
EEBO：1473—1700年早期英语图书在线	EEBO 包含英格兰、苏格兰、威尔士和英属北美出版的几乎每一部作品的影印图像，1473 年到1700 年任何地方的英语出版物，以及由威廉·卡克斯顿(William Caxton)印刷的第一本英文图书	拥有大学Unikey的学生或员工，或持图书馆借阅证的人员，校外使用有限制
Elgar 法律电子书在线	这些书由各领域重要人物写作和编辑。提供了全面分析问题的主题。包括 Elgar 百科全书和手册	
伊斯兰教百科全书第二版和伊斯兰教百科全书第三版	伊斯兰教世界所有方面的大学术百科全书	
古兰经百科全书(Encyclopaedia of the Qur'an)	关于"古兰经"的主要百科全书，包含辞典术语和延伸的文章	
Informit 在线收藏—检索	这是澳大利亚和亚太地区的信息电子报。提供了从一系列期刊、专著和书籍、会议程序、研究论文和参考资料的中的全部内容获取	
Gale 虚拟参考图书馆	涵盖宗教研究、现代历史和政治、健康和公共卫生、营养、大众文化电影、音乐、时尚、社会学和心理学和生命科学方面的 20 多种百科全书	
ISEAS 电子书	2001 年到 2009 年东南亚研究所出版的 215 本电子书	

名称	内容	条款和使用条件
麦格理词典（Macquarie Dictionary）	检索麦格理词典第四版—澳大利亚国家字典和词典。持续更新中	
Margaret Gee 澳大利亚媒体指南	包含主要澳大利亚媒体详细信息：从电视、报纸到新闻机构	
New Pauly 在线	关于古代世界的标准参考文献。全面范围包括从史前爱琴海（公元前 20 世纪到前 11 世纪）到古代晚期（公元 600 年到 800 年），也包括古典学术史	拥有大学 Unikey 的学生或员工，或持图书馆借阅证的人员，校外使用有限制
OECD 电子图书馆	提供所有经合组织，包括数据统计和全球指标	
牛津艺术在线	用于快速查找艺术家、艺术运动和视觉艺术的信息。还包括 Grove 艺术在线并提供外部网络链接	
牛津英语词典	在过去的千年中，公认的关于英语语言进化的权威词典	
牛津在线手册—哲学和音乐	讨论了一系列重大问题的最新思考。包含特别委托撰写的文章，有深度阅读的广泛参考目录，深入介绍学科主题，为学者和进修学生提供有用参考资源	
牛津西方音乐史在线	6 卷牛津西方音乐史在线版本：全面的参考工具，包括插图和1800 个音乐范例	

续表

名称	内容	条款和使用条件
牛津参考书在线	牛津大学出版社的参考作品,包含很多学科,包括英语和双语词典,视觉英语字典,地图,世界百科全书和基于主题的字典和百科全书	拥有大学Unikey的学生或员工,或持图书馆借阅证的人员,校外使用有限制
牛津学术在线	牛津大学出版社出版的多种全文图书,涵盖经济与金融学、哲学、政治科学、音乐、法律和宗教等学科	
RIBA 电子书收藏	RIBA(英国皇家建筑学会)出版的内容翔实的插图书籍,集中在全世界的建筑、设计和施工方面	
社会理论	汇集了 18 世纪至今一系列有广泛影响力的著作,反映了社会学思想的最重要发展趋势	
哲学大师作品	在线获取主要西方哲学家的作品:从亚里士多德到维特根斯坦,也提供有关 1600 年到 1900 年大陆理性主义和浪漫主义时代的英国哲学藏品	
Taylor and Francis 在线电子书库	涵盖心理学和心理治疗、教育实践和理论、健康和社会、医学和医药的数百个方面	
CAB 电子书	有 CABI 出版的农业、旅游和环境方面的书籍	仅限员工和在读学生获取
EBL	可持续获得大量的电子书,可下载至电脑或平板	
ebrary	电子书集成商,可持续获得大量电子书	
帕尔格雷夫电子书	2000 年以来帕尔格雷夫出版的所有书籍,包括经济学与金融、工商管理、政治与国际研究、历史、文学和表演艺术、社会与文化研究、语言与语言学、宗教与哲学	

续表

名称	内容	条款和使用条件
18 世纪收藏在线	18 世纪内 150 000 本图书的数字图像	IP 用户控制获取
Books@ Ovid	提供医学、护理、健康医学和药学的重要课本	拥有大学 Unike 的学生或员工，或持图书馆借阅证的人员，校外使用有限制
ClinicalKey	包含医学关键资源的交叉搜索。包括期刊、教科书、参考书、实践指南、医疗和外科手术视频和图像	
健康科学百科全书（通过 Gale 虚拟参考图书馆）	老年百科全书、生命伦理学百科全书、残疾百科全书、公共卫生百科全书、健康行为百科全书、Gale 精神障碍百科全书、Gale 心理学百科全书、Macmillan 生死百科全书和营养与健康	
LWW 电子书收藏	可访问 20 多种基础科学核心医学教材，包括：贝茨体检指南（Bickley），临床流行病学（Fletcher）等	
精神病学在线	精神疾病诊断与统计手册（第 5 版）和美国精神病学期刊的主页，也包括了美国精神病学出版社的其他电子书和教科书	
ScienceDirect 主要参考作品，ScienceDirect Bokos & Book Series	Elsevier 公司提供的科学和医学的 500 种图书和 20 种主要百科全书。图书馆订购以下丛书：化学、生命科学及酶学方法、神经科学、兽医学和兽医	

续表

名称	内容	条款和使用条件
Springer Protocols（实验室指南）	包含同行评审的实验室研究指南，主要涉及分子生物学和生物医学方面的课题	拥有大学Unike的学生或员工，或持图书馆借阅证的人员，校外使用有限制
ACS 论文集系列	内容源自 ACS 技术部门专题讨论会，出版的高质量同行评审图书。该系列包括农业和食品化学、纤维素和可再生材料、化学教育、有机化学、高分子化学、材料和许多其他主题	
CHEMnet-BASE	包括有机化合物词典和 CRC 物理化学手册在内的电子参考书	
CSIRO 电子书收藏	CSIRO 电子书涵盖范围广，包括农业动植物科学和环境管理	
IOP 电子书	物理研究所（IOP）领先的物理研究的创新性数字出版物，整合了多媒体和电子书的高级特点作为组成部分	
Knovel 图书馆	整合了技术信息和与分析和搜索工具，内容涵盖航空航天、化工、民用、电气、机械和一般工程等	
Springer 计算机科学讲义（1973 年至今）	计算机科学与信息技术研究与教学的新进展。并非所有已出版的内容都提供电子阅览	

续表

名称	内容	条款和使用条件
Springer 数学讲义(1964 年至今)	数学及应用的新进展	
Springer 物理讲义(1969 年 至 1996 年，2000 年至今)	物理研究和教学的新发展，简单明确地对当前知识进行了总结和交流。这系列图书被认为是高年级研究生教材和研究的前沿的桥梁	
PEP-WEB	经典精神分析作品的 PEP 档案(1871 至 2006)。西格蒙德·弗洛伊德(Sigmund Freud)完整心理学作品的标准版	拥有大学 Unike 的学生或员工，或持图书馆借阅证的人员，校外使用有限制
PsycBOOKS	提供了美国心理学协会出版的很多书。美国心理学协会和牛津大学出版社合作出版的心理学百科全书也包括在内	
英国皇家化学电子图书收藏（1940 年至今）	由皇家化学学会出版的电子书，涵盖化学学科的各个方面	
Safari Tech 图书	为程序员和 IT 专业人士提供的在线计算机和技术图书	
SIAM 电子书	工业和应用数学学会(SIAM)出版的图书是世界应用数学和计算科学知识的主要来源	

续表

名称	内容	条款和使用条件
澳大利亚法律词典	Butterworths 澳大利亚法律词典百科全书,内容包含 25 000 多个独特参考作品(法律词汇和短语,包括立法和案例参考)	拥有大学 Unike 的学生或员工,或持图书馆借阅证的人员,校外使用有限制
Merck 在线索引	寻找药物分析、化学药品和生物制品的核心工具。搜索化合物、化学和物理属性、是主要的参考工具或按不同的治疗类别浏览	
澳大利亚人名人录	包含数以千计基于独立研究和参与者信件的传记作品	
国家科学院出版社	美国国家科学与工程院、医学研究所和国家研究委员会出版的电子书	免费获取

参考文献

除中文文献外,其他按照章的顺序排列。

[1] 高红,朱硕峰,张玮.世界各国图书馆馆藏发展政策精要[M].北京:海洋出版社,2010.

[2] 黄红华,周 晖.英国大学图书馆文化政策研究——以牛津大学博德利图书馆为例[J].图书馆,2015(12).

[3] Facts and figures[EB/OL].[2016 - 02 - 01]. http://www. bl. uk/aboutus/quickinfo/facts/.

[4] 2020 vision[EB/OL].[2016 - 02 - 01]. http://www. bl. uk/aboutus/stratpolprog/2020vision/2020A3. pdf.

[5] Electronic resources[EB/OL].[2016 - 02 - 01]. http://www. bl. uk/reshelp/findhelprestype/eresblrr/eres. html.

[6] The British Library's Strategy 2008 - 2011[EB/OL].[2016 - 02 - 01]. http://www. bl. uk/aboutus/stratpolprog/strategy1115/strategy2008-2011. pdf.

[7] Growing Knowledge:The British Library's Strategy 2011 - 2015[EB/OL].[2016 - 02 - 01]. http://www. bl. uk/aboutus/stratpolprog/strategy1115/strategy1115. pdf.

[8] From Stored Knowledge to Smart Knowledge:The British Library's Content Strategy 2013 - 2015[EB/OL].[2016 - 02 - 01]. http://www. bl. uk/aboutus/stratpolprog/contstrat/british_library_content_strategy_2013. pdf.

[9] Content strategy 2006[EB/OL].[2016 - 02 - 01]. http://www. bl. uk/aboutus/stratpolprog/contstrat/cs2006. html.

[10] From Stored Knowledge to Smart Knowledge:The British Library's Content Strategy 2013 - 2015[EB/OL].[2016 - 02 - 01]. http://www. bl. uk/aboutus/stratpolprog/contstrat/british_library_content_strategy_2013. pdf.

[11] Depositing electronic publications[EB/OL].[2016 - 02 - 01]. http://www. bl. uk/aboutus/legaldeposit/websites/elecpubs/.

[12] Security for electronic publications[EB/OL].[2016 - 02 - 03]. http://www.

bl. uk/aboutus/legaldeposit/websites/security/index. html.

[13] Identifying UK websites and electronic publications[EB/OL]. [2016 – 02 – 03]. http://www. bl. uk/aboutus/legaldeposit/websites/faq/ukmaterial/index. html.

[14] What is the UK Web Archive[EB/OL]. [2016 – 02 – 03]. http://www. webarchive. org. uk/ukwa/info/about.

[15] WebArchives[EB/OL]. [2016 – 02 – 01]. http://www. bl. uk/aboutus/stratpolprog/digi/webarch/webarchives. html.

[16] Digitisation[EB/OL]. [2016 – 02 – 02]. http://www. bl. uk/aboutus/stratpolprog/digi/digitisation/.

[17] Digitised Manuscripts Home[EB/OL]. [2016 – 02 – 02]. http://www. bl. uk/manuscripts/.

[18] Digital Preservation Strategy[EB/OL]. [2016 – 02 – 01]. http://www. bl. uk/aboutus/stratpolprog/collectioncare/digitalpreservation/strategy/dpstrategy. html.

[19] British Library's digital preservation strategy 2013 – 2016[EB/OL]. [2016 – 02 – 02]. http://www. bl. uk/aboutus/stratpolprog/collectioncare/digitalpreservation/strategy/BL_DigitalPreservationStrategy_2013-16-external. pdf.

[20] About Digital Collections & Services:Access to print,pictorial and audio-visual collections and other digital services[EB/OL]. [2016 – 03 – 01]. http://www. loc. gov/library/about-digital. html.

[21] Technical Information[EB/OL]. [2016 – 03 – 01]. http://memory. loc. gov/ammem/about/techIn. html.

[22] Standards[EB/OL]. [2016 – 03 – 01]. http://www. loc. gov/standards/.

[23] Library of congress strategic plan 2016 – 2020[EB/OL]. [2016 – 03 – 01]. http://www. loc. gov/portals/static/about/documents/library_congress_stratplan_2016-2020. pdf.

[24] About digital preservation[EB/OL]. [2016 – 03 – 01]. http://www. digitalpreservation. gov/about/index. html.

[25] National Digital Stewardship Alliance[EB/OL]. [2016 – 03 – 01]. http://www. digitalpreservation. gov/ndsa/.

[26] Digital Preservation Outreach & Education[EB/OL]. [2016 – 03 – 01]. http://www. digitalpreservation. gov/education/index. html.

［27］About federal agencies digitalization guidelines initiative［EB／OL］.［2016－03－01］. http：//www. digitizationguidelines. gov／about／.

［28］Digital Collections［EB／OL］.［2016－03－01］. https：//www. loc. gov／collections／.

［29］Digital preservation-Collections［EB／OL］.［2016－03－01］. http：//www. digitalpreservation. gov／collections／.

［30］Web Archiving［EB／OL］.［2016－03－01］. http：//www. loc. gov／webarchiving／.

［31］Web Archiving Collections［EB／OL］.［2016－03－01］. http：//www. loc. gov／webarchiving／collections. html.

［32］NDL. 国立国会図書館資料デジタル化の手引2011年版［R／OL］.［2016－02－05］. http：//www. ndl. go. jp／jp／aboutus／digitization／digitalguide2011. pdf.

［33］NDL. 国立国会図書館におけるデジタルアーカイブ事業の進捗［EB／OL］.［2016－02－05］. https：//www. kantei. go. jp／jp／singi／titeki／tyousakai／kensho_hyoka_kikaku／2015／dai3／siryou3-4. pdf.

［34］NDL. インターネット資料収集保存事業［DB／OL］.［2016－02－05］. http：//warp. ndl. go. jp.

［35］NDL. 近代デジタルライブラリー［DB／OL］.［2016－02－05］. http：//kindai. ndl. go. jp／.

［36］NDL. 国立国会図書館電子図書館中期計画2004（2004年2月17日策定）［EB／OL］.［2016－02－05］. http：//www. ndl. go. jp／jp／aboutus／dlib／project／plan2004. html.

［37］NDL. 国立国会図書館における古典籍資料の電子化［R／OL］.［2016－02－05］. https：//www. nijl. ac. jp／pages／event／seminar／images／H26-kotenseki13. pdf.

［38］NDL. 国立国会図書館サーチ［DB／OL］.［2016－02－05］. http：//iss. ndl. go. jp／.

［39］NDL. 国立国会図書館の資料デジタル化に係る基本方針（平成25年5月27日策定）［R／OL］.［2016－02－05］. http：//www. ndl. go. jp／jp／aboutus／digitization／digitization_policy. pdf.

［40］NDL. 資料収集方針書（平成25年7月全部改正）［R／OL］.［2016－02－05］. http：//www. ndl. go. jp／jp／aboutus／collection／pdf／housin. pdf.

［41］NDL.「私たちの使命・目標2012－2016」及び「戦略的目標」パンフレット［R／OL］.［2016－02－05］. http：//www. ndl. go. jp／jp／aboutus／pdf／mission2012-16_2. pdf.

［42］国立国会図書館総務部総務課. 数字で見る国立国会図書館:『国立国会図書館年報 平成 26 年度』から［J/OL］. 国立国会図書館月報, 2016（1）. ［2016－02－05］. http://dl. ndl. go. jp/view/download/digidepo_9578225_po_ geppo1601. pdf? contentNo＝1#page＝30.

［43］NDL 入門編集委員会. 国立国会図書館入門［M］. 東京:三一書房,1998.

［44］NDL. ひなぎく東日本大震災アーカイブ［DB/OL］. ［2016－02－05］. http://kn. ndl. go. jp.

［45］NDL. 国立国会図書館電子情報サービス(パンフレット)［R/OL］. ［2016－02－05］. http://www. ndl. go. jp/jp/aboutus/dlib/project/pdf/dlservice_ jp. pdf.

［46］NDL. 資料デジタル化について［EB/OL］. ［2016－02－23］. http://www. ndl. go. jp/jp/aboutus/digitization/index. html.

［47］IT 戦略本部. i-Japan 戦略 2015:国民主役の「デジタル安心・活力社会」の実現を目指して［R/OL］. ［2016－02－23］. https://www. kantei. go. jp/jp/ singi/it2/kettei/090706honbun. pdf.

［48］国立国会図書館総務部総務課広報係. WARP で収集したウェブサイトが1 万件を突破しました［R/OL］. ［2016－02－24］. http://120. 52. 72. 37/ www. ndl. go. jp/c3pr90ntcsf0/jp/news/fy2015/__icsFiles/afieldfile/2015/11/ 25/pr151201. pdf.

［49］（Deutsche Nationalbibliothek）［EB/OL］. ［2015－07－28］. http://www. dnb. de/DE/Home/home_node. html.

［50］Gesetz über die Deutsche Nationalbibliothek（DNBG）［EB/OL］. ［2015－08－01］. Bundesministerium der Justiz und für Verbraucherschuz,20060622. http:// www. gesetze-im-internet. de/dnbg/BJNR133800006. html.

［51］Verordnung über die Pflichtablieferung von Medienwerken an die Deutsche Nation-albibliothek（Pflichtablieferungsverordnung-PflAV）［EB/OL］. ［2015－08－01］. Bundesministerium der Justiz und für Verbraucherschuz,20081017. http://www. gesetze-im-internet. de/pflav/BJNR201300008. html.

［52］Jahresbericht 2014［EB/OL］. ［2015－12－02］. http://nbn-resolving. de/urn: nbn:de:101-2015043010.

［53］Elisabeth Niggemann. Vorwort. Sammelrichtlinien［EB/OL］. ［2015－10－22］

Deutsche Nationalbibliothek,20140501. http://d-nb. info/1051940788/34.

[54] DART,das europäische Portal für Online-Dissertationen[EB/OL]. [2015 - 12 - 31]. http://www. dart-europe. eu/basic-search. php.

[55] kopal Library for Retrieval and Ingest[EB/OL]. [2015 - 12 - 31]. http://kopal. langzeitarchivierung. de/index_koLibRI. php. de.

[56] Data Seal of Approval[EB/OL]. [2015 - 12 - 31]. http://datasealofapproval. org/en/assessment/.

[57] Europeana Sounds[EB/OL]. [2016 - 02 - 15]. http://www. europeanasounds. eu/about.

[58] Europeana 1914 - 1918[EB/OL]. Europäischen Union. [2016 - 02 - 15]. http://www. europeana1914-1918. eu/de/statistics.

[59] Bibliothèque nationale de France[EB/OL]. [2016 - 04 - 20]. http://www. bnf. fr.

[60] Le site Gallica[EB/OL]. [2016 - 04 - 20]. http://gallica. bnf. fr.

[61] RAPPORT D'ACTIVITÉ 2014 de la BnF[EB/OL]. [2016 - 04 - 20]. http://webapp. bnf. fr/rapport/pdf/rapport_2014. pdf.

[62] Médiathèque numérique de la BnF[EB/OL]. [2016 - 04 - 20]. http://www. bnfcollection. com/.

[63] Le site Légifrance[EB/OL]. [2016 - 04 - 20]. http://www. Legifrance. gouv. fr.

[64] About the Library's collections[EB/OL]. [2015 - 12 - 10]. http://www. sl. NSW. gov. au/about/collections/index. html.

[65] Digital Collecting[EB/OL]. [2015 - 11 - 22]. http://www. sl. nsw. gov. au/about/collections/digital. html.

[66] Digital Collecting Framework[EB/OL]. [2015 - 11 - 06]. http://www. nsla. org. au/sites/www. nsla. org. au/files/publications/NSLA. Digital _ Collecting _ Framework_2013. pdf. appendix two.

[67] Digital Collecting Strategy,2014 - 15 and 2015 - 2016[EB/OL]. [2015 - 11 - 06]. http://www. sl. nsw. gov. au/about/policies/docs/Digital% 20Collecting% 20Strategy% 20version% 201. 0% 20-% 208% 20December% 202014. pdf.

[68] PANDORA ARCHIVE SIZE AND MONTHLY GROWTH[EB/OL]. [2016 - 03 - 01]. http://pandora. nla. gov. au/statistics. html.

[69] Selection Guidelines[EB/OL]. [2015 - 11 - 07]. http://pandora. nla. gov. au/

guidelines. html.

[70] LIBRARY OF COUNCIL OF NSW 2014 – 15 Annual Report[EB/OL]. [2016 – 01 – 01]. http://www. sl. NSW. gov. au/about/publications/annual_reports/sl. NSW_annual_report_2014-15. pdf.

[71] History and background[EB/OL]. [2015 – 11 –06]. http://www. nsla. org. au/ history.

[72] San Francisco Public Library Annual Report by the Numbers. 2014 – 2015[EB/ OL]. [2015 – 12 – 02]. http://sfpl. org/pdf/about/administration/statistics-reports/annualreport2014-15print. pdf.

[73] SFPL Mission Statement[EB/OL]. [2015 – 10 – 10]. http://sfpl. org/index. php? pg = 2000006901.

[74] Collection Development Policy[EB/OL]. [2015 – 10 – 11]. http://sfpl. org/index. php? pg = 2000007001.

[75] San Francisco Public Library Collection Levels[EB/OL]. [2016 – 01 – 03]. http://sfpl. org/index. php? pg = 2000011501.

[76] Materials Budget Allocation and Collection Prioritie[EB/OL]. [2016 – 01 – 12]. http://sfpl. org/index. php? pg = 2000011801.

[77] Electronic Resources Collections[EB/OL]. [2015 – 11 – 01]. http://sfpl. org/ index. php? pg = 2000011401.

[78] Photo Collection FAQs[EB/OL]. [2015 – 12 – 11]. http://sfpl. org/index. php? pg = 2000073201#not-online.

[79] eBook Collections[EB/OL]. [2015 – 11 – 02]. http://sfpl. org/index. php? pg = 2000005001.

[80] Bodleian Libraries:Academic Library Services[EB/OL]. [2016 – 03 – 01]. http://www. bodleian. ox. ac. uk/our-work/academic-library-services.

[81] Trinity Term 2015 update from the Bodleian Libraries[EB/OL]. [2016 – 03 – 01]. http://www. bodleian. ox. ac. uk/__data/assets/pdf_file/0018/190125/ Bodleys-Librarians-termly-newsletter-Trinity-2015. pdf.

[82] Bodleian Libraries digital policies:Overview[EB/OL]. [201 – 03 – 01]. http:// www. bodleian. ox. ac. uk/about-us/policies/digital-policies-overview.

[83] Bodleian Libraries Implementation Plan 2013 – 2016[EB/OL]. [2016 – 03 – 01]. http://www. bodleian. ox. ac. uk/__data/assets/pdf_file/0019/164170/

PUBLICImplementation-PlanFEB2015. pdf.

[84] ORA:Oxford University Research Archive:About ORA[EB/OL]. [2016 – 01 – 22]. http://ox. libguides. com/c. php? g = 422823&p = 2887292.

[85] Oxford Research Archive-Data:About ORA-Data[EB/OL]. [2016 – 01 – 13]. http://ox. libguides. com/ora-data/about-ora-data.

[86] BEAM:Collections containing born-digital material[EB/OL]. [2016 – 03 – 01]. http://www. bodleian. ox. ac. uk/beam/collections.

[87] BEAM:Term of Use[EB/OL]. [2016 – 03 – 01]. http://www. bodleian. ox. ac. uk/beam/webarchive/termsofuse.

[88] Bodleian Libraries′ Web Archive-Information for website owners [EB/OL]. [2016 – 03 – 01]. http://www. bodleian. ox. ac. uk/beam/webarchive/faq-website-owners.

[89] Bodleian Libraries digital policies:Digitization[EB/OL]. [2016 – 03 – 01]. http://www. bodleian. ox. ac. uk/about-us/policies/digitization.

[90] Cultures of knowledge[EB/OL]. [2016 – 03 – 01]. http://www. culturesofknowledge. org/.

[91] Early English Books Online Text Creation Partnership[EB/OL]. [2016 – 03 – 01]. http://www. bodleian. ox. ac. uk/eebotcp/.

[92] Bodleian Digital Library Systems and Services:Current Projects [EB/OL]. [2016 – 03 – 01]. http://www. bodleian. ox. ac. uk/bdlss/digital-projects/current-projects.

[93] Explore the British Library[EB/OL]. [2016 – 03 – 01]. http://www. bl. uk/catalogues/search/non-print_legal_deposit. html.

[94] SOLO-Search Oxford Libraries Online:eLD-Electronic Legal Deposit[EB/OL]. [2016 – 01 – 29]. http://ox. libguides. com/c. php? g = 423014&p = 2890996.

[95] Bodleian Libraries:Legal deposit [EB/OL]. [2016 – 03 – 01]. http://www. bodleian. ox. ac. uk/finding-resources/legal-deposit.

[96] Bodleian Libraries:Scope of the Legal Deposit UK Web Archive [EB/OL]. [2016 – 02 – 12]. http://www. bodleian. ox. ac. uk/finding-resources/legal-deposit/legal-deposit-uk-web-archive/scope.

[97] Vision and priorities[EB/OL]. [2016 – 01 – 07]. http://libraries. universityofcalifornia. edu/about/vision-and-priorities.

[98] Facts and Figures[EB/OL]. [2016 - 01 - 07]. http://libraries. universityofcalifornia. edu/about/facts-and-figures.

[99] UC Digital Collection Development[EB/OL]. [2016 - 01 - 07]. Strategyhttp:// libraries. universityofcalifornia. edu/groups/files/cdc/docs/UC _ Digital _ Collection_Development_Policy-oct22_Final-2. pdf.

[100] Principles for Acquiring and Licensing Information in Digital Formats[EB/OL]. [2016 - 01 - 07]. http://libraries. universityofcalifornia. edu/cdc/principlesforacquiring. html.

[101] Guiding Principles for Collecting Books in Electronic Format [EB/OL]. [2016 - 01 - 07]. http://libraries. universityofcalifornia. edu/groups/files/ cdc/docs/ebooks_final_report. pdf.

[102] UC Libraries E-Book Value Statement[EB/OL]. [2016 - 01 - 07]. http://libraries. universityofcalifornia. edu/groups/files/cdc/docs/UC_Libraries_E-Book _Value_Statement. pdf.

[103] About eScholarship[EB/OL]. [2016 - 01 - 07]. http://escholarship. org/about_escholarship. html.

[104] About eScholarship [EB/OL]. [2016 - 01 - 06]. http://escholarship. org/ homepage. html.

[105] UC Open Access Policies[EB/OL]. [2016 - 01 - 06]. http://osc. universityofcalifornia. edu/open-access-policy/.

[106] New Name for CDL's Digital Collection of UC Press Titles[EB/OL]. [2016 - 01 - 07]. https://www. ucpress. edu/blog/tag/escholarship-editions/.

[107] Missions and goals[EB/OL]. [2016 - 01 - 07]. https://www. hathitrust. org/ mission_goals.

[108] Welcome to the shared digital future[EB/OL]. [2016 - 01 - 07]. https:// www. hathitrust. org/about.

[109] HathiTrust Digital Library and OCLC introduce WorldCat Local prototype[EB/ OL]. [2015 - 08 - 06]. http://www. oclc. org/en-US/news/releases/2011/ 20114. html.

[110] Policy on Networked Electronic Access-Preference over Print [EB/OL]. [2016 - 02 - 26]. http://sydney. edu. au/policies/showdoc. aspx? recnum = PDOC2012/243&RendNum = 0.

[111] University of Sydney Library Ebook And Etextbook Guidelines [EB/OL]. [2016 - 02 - 26]. http://www.library.usyd.edu.au/about/policies/etexts.html.

[112] Sydney eScholrship Repository[EB/OL].[2016 - 02 - 26]. http://ses.library.usyd.edu.au/ses/faq.php.

[113] Policies and Gudelines[EB/OL].[2016 - 02 - 26]. http://ses.library.usyd.edu.au/ses/roles.php.

[114] Australian Studies Resources[EB/OL].[2016 - 02 - 26]. http://setis.library.usyd.edu.au/oztexts/index.html.

[115] Sydney Electronic Text and Image Service[EB/OL].[2016 - 02 - 26]. http://setis.library.usyd.edu.au/.

[116] Digital Collections and Partnerships[EB/OL].[2016 - 02 - 26]. http://sydney.edu.au/library/digital/.

附　录

附录1:英国国家图书馆有关数字长期保存的术语摘编

英文术语	中文译名	定义
Access	访问	向用户提供使用文档及其内容的行为
Accessibility	可访问性	可以访问文档内容的能力
Acquisition	采访	从不同渠道获取记录的过程
Authenticity	真实性	没有被恶意地或别的方式篡改或变更,真实可靠的品质
Characterisation	表征	数字对象的标志性技术特性被提取的过程,包括但不限于格式识别、格式验证和元数据提取等
Characterisation tools	表征工具	进行自动表征处理的工具
Content stream	内容流	相同类型的内容集合(例如多媒体文件、报纸、手稿、书籍数字化),存储在长期存储库中
Digital collections	数字馆藏	有相同特征的一种或多种数字资源集合
Digital preservation	数字资源长期保存	为确保持续、可靠地访问到真实的、被认为是有价值的数字对象的一系列的行动和措施
Digital repository	数字资源库	管理和存储数字内容的技术系统

英文术语	中文译名	定义
Emulation	仿真	一种数字长期保存的技术策略,是在未来的计算机系统里模拟已过时系统的技术手段,可以克服软硬件技术过时带来的问题
End to end workflow	端至端的工作流程	一个完整的而且未被中断过的管理数字内容生命周期的序列步骤
International Internet Preservation Consortium(IIPC)	国际互联网保存联盟	国际互联网保存联盟是一个会员组织,致力于改善网络存档的工具、标准和最佳实践,同时促进国际合作工作,能更广泛地访问和利用研究和文化遗产的网络存档
Lifecycle	生命周期	客体存在的所有不同阶段:从构思、创作、处置、到访问和再利用
Metadata	元数据	关于数据的数据,或描述一个资源的信息。保存元数据是一种支持和记录数字保存过程的特殊元数据,尤其是在保存环境中,支持维护数字资源的稳定性、有效性、可呈现性、可理解性、和/或数字材料的真实性方面的功能
Migration	迁移	一种数字资源长期保存的策略,将数字资源从一个硬件或软件更迭到另一个上,克服了技术过时带来的问题
Normalisation(databases)	标准化(数据库)	在字段和表格中删除重复数据和标准化清理的过程
Quality Assurance(QA)	质量保证	确保产品符合既定的质量要求的过程,特别是在内容完整性方面

续表

英文术语	中文译名	定义
"Slow fire" syndrome	"文火"综合征	在图书馆和档案界用来形容纸张酸性腐烂产生脆化的一个术语
Technological Obsolescence	技术过时	一种技术充分过时的状态,从而阻碍获取数字内容
Testbed	测试平台	一种实验平台,提供支持数字长期保存的软件和流程

本表资料来源:http://www. bl. uk/aboutus/stratpolprog/collectioncare/digitalpreservation/strategy/BL_DigitalPreservationStrategy_2013-16-external. pdf。

附录 2:原生数字资源定义表(Definitions table)

术语	定义	示例
原生数字内容(Born digital)	指那种最初以数字形式产生的内容,需要通过相关的数字设备才能展示出来	包括,但不仅限于以下: 博客(blog)、 计算机合成建筑图(computer-generated architectural plans)、 计算机合成地图(computer-generated maps)、 数字艺术(digital art)、 数字文档(digital documents)、 数字电影脚本(Digital film footage)、 数字媒介(digital media)、 数字报纸(digital newspaper)、 数字照片(digital photographs)、 数字连续出版物(digital serials)、 数字音频记录(digital sound recordings)、 数字故事(digital stories)、

术语	定义	示例
		动态数据集(dynamic data sets)、电子书(e-book)、电子珍藏和记录(electronic archive and records)、电子邮件(email)、脸书(facebook pages)、网络电视(Internet-disseminated television)、移动应用(mobile applications)、口述史(oral histories)、静态数据集(static data sets)、文本消息(text messages)、推特订阅(Twitter feeds)、网络漫画(webcomics)、网站(websites)
转化的数字内容(Turned Digital)	指那种由物理模拟信号形式产生的内容,然后转成了数字形式。与 digitised、reformatted 是同义词	纸质材料(paper-based material) 照片(photographs) 模拟音视频(录像、磁带、胶卷)[analogue audiovisual (videos, cassettes, film)]
数字化(Digitisation)	将模拟信号如图片、文档、胶片、音视频转成数字形式的处理转化过程	
物理载体(Physical carrier)	存储声音、图像、数据等数字文档的物理中介	包括,但不仅限于以下:蓝光 CD、CD、DVD、计算机、扩展硬盘、软盘、手机、平板电脑、USB 闪存

续表

术语	定义	示例
文件格式 （File formats）	为计算机文件的特殊数据编码,这种文件格式会告诉计算机如何显示、打印、处理和保存数据。计算机操作系统里的应用程序通过命令方式创建文件,这数百种格式彼此多数并不兼容,例如在相同的操作系统下面,很多格式不能用其他应用打开,此外,同一应用程序在不同的操作系统也需要重新修改才能运行。 只有以下文件格式可以兼容各种操作系统,比如ASCII 编码格式,JAVA,PDF, RTF, TIF, HTML, XML。更多内容可以访问以下网页:http://www.businessdictionary.com/definiti on/file-format.html	包括,但不仅限于以下: Access（. mdb）、AVI、BMP、Excel（. xls）、GIF、HTML、JPEG、JPEG2000、M4V、MOV、MP3、MP4、PDF、PNG、PSD、RAW、RTF、TIFF、WAV、Word（. doc,. docx）、Word Perfect、XML
数字摄影 （Digital Photographs）	关于相机,移动电话,平板电脑和其他移动设备的数字创建的照片	包括,但不仅限于以下:JPEG、RAW、TIFF

术语	定义	示例
数字文档（Digital documents）	基于文本的文件,以数字形式创建并通过互联网和传播的,或存储在物理载体里	例如: 　电子法定呈缴出版（Electronic legal Deposit publications） 　期刊（journals） 　通讯（newsletters） 　报告（reports） 　政府出版物（Government publications）
网络收割（Web Harvesting）	使用网络爬虫软件复制和收集互联网内容,如网页,数字文档,数字胶卷等	
网络存档（Web Archiving）	收割、存储和保存网页内容的处理过程,以确保网络内容的可访问性和可用性	包括,但不仅限于以下: 　博客（blogs） 　网站（websites） 　网络漫画（webcomics） 　杂志（zines）
数字手稿和档案（Digital manuscripts and archives）	数字手稿和档案是指以数字格式创建和维护的个人文件和组织记录集合	个人和团体的私人文件;公司、组织、教堂、政府创建的记录; 包括,但不仅限于以下: 电子邮件,电子格式日记、备忘录、报告、通信等

续表

术语	定义	示例
静态数据集（Static Data Sets）	一组完整的不变的数据集	
动态数据集（Dynamic Data Sets）	一组可以随时间而改变的数据	
数字艺术（Digital Art）	在计算机、移动手机和其他移动手持设备上创作的艺术	
数字录音（Digital Sound Recordings）	通过数字录音设备创建的声音记录	包括,但不仅限于以下： 数字口述史（Digital Oral Histories） 会议演讲（Conference presentations） 谈话和讲座（Talks and lectures） 音乐录音（Music recordings）
数字口述史（Digital Oral Histories）	口述历史是历史信息的记录,是通过采访个人对历史事件的了解和回忆得到的,并记录数字设备上的	

续表

术语	定义	示例
数字 小故事 （Digital Stories）	数字小故事是大概 2—5 分钟长度的电影短篇，结 合了讲故事艺术与一系列 的数字多媒体，如图像，音 频和视频等	
数字 音乐 （Digital Music）	在计算机、电子乐器和其 他数字设备上创建的音 乐，可以仅通过互联网下 载提供，或存储在物理载 体上	
数字 运动 图像 （Digital Moving Images）	利用数字摄像机，移动电 话和其他移动设备创建的 运动图像。很多数字运动 图像仅通过网络提供，如 Vimeo 和 YouTube	标准格式（Standard Definition） 高清格式（High Definition）
数字 报纸 （Digital Newspap- ers）	以数字形式创建的报纸， 通过互联网在线提供	网络版报纸（Web-only newspapers） 印刷型报纸的电子版（Digital editions of hard-copy newspapers） 报纸印刷前的数字文件（Pre-press dig- ital files used for production of hard-copy newspapers）

续表

术语	定义	示例
网络电视（Web television）	以数字形式创建的，最初通过互联网传播的节目片断，通常少于 20 分钟。不要与电视节目的网络重播混为一谈	主要的网络电视网站包括：MySpace、YouTube、Newgrounds、Blip. tv、Crackle。 主要的网络电视公司包括：Next New Networks、Vuguru、Revision3、Deca、Generate LA-NY、Take180。
电子书（E-books）	书的电子版本，可以通过互联网下载，并且需要使用数字设备（如计算机，平板电脑，移动电话，电子书阅读器等）	
数字版权管理（Digital Rights Management，简称 DRM）	数字版权管理是限制数字文件被访问和使用的一种方式。例如，文件能被下载到那种设备，文件能被迁移到多少设备，设备可以利用的数字文件的内容和数量，以及使用期限。大多数有版权的电子图书和音频图书都受数字版权管理保护	数字版权管理软件是一种在阅读器的软件程序，如 Adobe Digital Editions，Adobe Reader，Bluefire Reader 以及 OverDrive Media Console

资料来源：http://www. nsla. org. au/sites/www. nsla. org. au/files/publications/NSLA. Digital_Collecting_Framework_2013. pdf